I love la cuisine italienne

I love la cuisine italienne

150 RECETTES

LUCIA PANTALEONI

PHOTOGRAPHIES ET STYLISME :
CÉLINE DE CÉROU

SOLAR

Édito

C'est avec un grand plaisir que j'ai écrit ce livre dédié à la gastronomie de mon pays, l'Italie. Il comporte 150 recettes de cuisine italienne, des hors-d'œuvres jusqu'aux desserts, en suivant la structure classique du repas italien : antipasti, primi piatti, secondi piatti, contorni et dolci. Il s'agit, en majorité, de plats traditionnels, accompagnés de quelques créations, avec de petites incursions dans la cuisine régionale (qui à elle seule mériterait un livre !). Dans cet ouvrage je vous donne aussi quelques techniques qui vous permettront notamment de réaliser un risotto *all'onda* (« comme une vague ») et onctueux ; de faire vos bouillons maison pour le risotto mais aussi de confectionner des pâtes fraîches.

J'espère que vous aurez autant de plaisir à réaliser ces recettes que j'en ai eu à vous transmettre leurs secrets ; et que vous parviendrez ainsi à faire entrer un peu d'Italie dans votre cuisine.

Lucia Pantaleoni

Qualité, saisonnalité, des placards et un réfrigérateur astucieusement remplis sont les secrets pour des plats italiens réussis et goûteux, en toute simplicité. Je vous explique pourquoi !

LA QUALITÉ

Lorsque je parle cuisine avec mes amis (même italiens !), la plupart d'entre eux sont étonnés que je sois capable d'arpenter Paris pour dénicher le magasin qui vende LE pecorino romano parfait ou LE jambon de Parme d'une qualité irréprochable. Pour moi, la qualité de la matière première est un point très important pour réussir un plat. À ce propos, je pense à un ami boucher, Andrea, qui répète souvent : « L'excellente matière première, en la travaillant trop, tu ne peux que l'abîmer. » Andrea veut dire par là qu'un bon produit se suffit quasiment à lui-même.

Ce propos est particulièrement adapté à la cuisine italienne, où on peut concocter d'excellents plats à partir de quelques ingrédients. Dans ce livre, le risotto 100% parmesan (voir p. 148) ou les spaghetti aux anchois et au beurre (voir p. 114) sont des recettes avec seulement deux ou trois ingrédients : si votre parmesan est en sachet et les anchois de seconde zone, votre plat risque d'être bien fade !

Je vous encourage donc à privilégier la qualité, qui ne sera pas nécessairement synonyme de dépenses exagérées. En effet, les produits de qualité ont souvent plus de goût que les produits ordinaires, et par conséquent peuvent êtres utilisés en plus petite quantité.

Par exemple, la différence entre l'origan de Pantelleria et l'origan de la grande distribution : une petite pincée du premier suffira pour magnifier un bon plat, alors que dans le deuxième cas, il en faudra beaucoup plus pour un résultat satisfaisant.

LA SAISONNALITÉ DES PRODUITS

Aussi importante que la qualité, la saisonnalité de produits l'est pour des raisons de développement durable, mais aussi pour le goût des fruits et des légumes. Si la recette prévoit de la sauce tomate, mais que nous sommes en hiver, optez pour une boîte de tomates pelées. Personnellement, j'aime utiliser les concassées de tomates et tomates pelées Mutti®.

VOS RÉSERVES

Si vous aimez cuisiner italien, certains ingrédients (ceux que j'appelle en riant avec mes amis français « la base », « les fondamentaux ») seront indispensables dans votre placard. Avec ces produits dans votre cuisine, vous pourrez à tout moment improviser de savoureux petits plats.

Dans mes placards, il y a toujours :

- des câpres au sel de Sicile
- de l'origan sec de Pantelleria
- des cèpes séchés
- du piment
- du riz à risotto, idéalement du carnaroli ou arborio de la marque Principato di Lucedio® (en épicerie fine italienne)
- des pâtes de blé dur de qualité
- une bonne huile d'olive extra vierge
- des boîtes de tomates pelées de qualité
- du vinaigre balsamique IGP et du vinaigre de vin ou cidre
- du poivre en grains
- de la farine

Et dans mon réfrigérateur :

- des olives taggiasche
- des herbes fraîches (sauge, romarin, persil plat)
- des anchois à l'huile
- des anchois au sel
- du *guanciale* ou lard fermier
- des citrons bio
- de l'ail
- du beurre
- de la mozzarella de bufflonne
- du parmesan (un morceau de 500 g maximum)
- du pecorino romano (fromage de brebis)
- du céleri-branche, des oignons, des carottes...
- du double (ou triple) concentré de tomate de qualité
- des œufs

Avec tout ceci, vous voilà équipé pour vous lancer dans la véritable cuisine italienne !

Sommaire

Antipasti

Erbazzone tourte aux épinards

POUR 4 PERS. | **PRÉPARATION** 30 MIN | **REPOS** 30 MIN | **CUISSON** 50 MIN

INGRÉDIENTS

- 270 g de farine + un peu pour le moule
- 30 g de saindoux (ou de beurre)
- 1 kg d'épinards frais (500 g surgelés) ou de blettes
- 140 g de pancetta coupée en petits dés
- 4 cuil. à soupe d'huile d'olive
- 5 oignons nouveaux
- 1 gousse d'ail pelée
- 30 g de beurre + un peu pour le moule
- ½ bouquet de persil plat
- 70 g de parmesan fraîchement râpé
- Sel, poivre du moulin

PRÉPARATION

1 Versez la farine sur le plan de travail, avec le saindoux et 1 pincée de sel.

2 Travaillez la pâte en ajoutant autant d'eau que nécessaire pour qu'elle soit lisse et élastique. Formez une boule, recouvrez-la de film alimentaire et laissez reposer au frais pendant 30 minutes.

3 Lavez les épinards et plongez-les dans une casserole d'eau frémissante salée pendant 10 minutes environ, puis égouttez soigneusement.

4 Dans une poêle, faites revenir la pancetta dans un peu d'huile d'olive. Ajoutez les oignons nouveaux hachés et la gousse d'ail entière. Laissez cuire à feu très doux. Quand les oignons ont blondi, ajoutez le beurre, les épinards et un peu de sel (attention : la pancetta peut être suffisamment salée).

5 Laissez sécher en remuant le mélange quelques minutes à feu doux, laissez tiédir quelques instants puis ajoutez le persil ciselé et le parmesan.

6 Préchauffez le four à 200 °C (th. 6-7). Étalez très finement les deux tiers de la pâte et garnissez-en un moule beurré et légèrement fariné de 25 cm de diamètre. Recouvrez de farce. Étalez le reste de la pâte, déposez-la sur la farce, rabattez les bords du fond de tourte vers l'intérieur et pincez tout autour pour sceller la pâte.

7 Enfournez pour environ 30 minutes. Savourez l'*erbazzone* tiède ou à température ambiante.

Á savoir

Il s'agit d'un plat typique de la cuisine de Reggio d'Émilie (nord de l'Italie, près de Parme).
Des épinards, des petits oignons du jardin et du parmesan sont la base de cette tourte de tradition paysanne.

Anchois marinés

POUR 4 PERS. | **PRÉPARATION** 20 MIN | **MARINADE** 1 H | **REPOS** 1 H

INGRÉDIENTS

- 500 g d'anchois décongelés (chez votre poissonnier)*
- 30 cl de vinaigre de vin blanc
- 40 cl de vin blanc sec
- Le jus d'1 citron + le zeste de 2 citrons non traités
- 2 gousses d'ail
- 2 piments frais (facultatif)
- 2 bottes de persil plat
- Huile d'olive extra vierge
- Sel

Á savoir

Ce plat se conserve jusqu'à 5 jours au réfrigérateur.

PRÉPARATION

1 Nettoyez les anchois : ouvrez-les en deux, ôtez avec délicatesse l'arête centrale et tamponnez-les bien avec du papier absorbant, puis disposez-les en couches dans un plat rectangulaire en parsemant de sel.

2 Recouvrez avec la marinade composée de vin blanc, vinaigre et jus de citron.

3 Couvrez avec du film alimentaire et réservez au réfrigérateur pendant 1 heure.

4 À l'aide d'un économe, détaillez le zeste des 2 citrons en bandes d'1 cm environ de largeur. Épluchez et émincez l'ail. Hachez le persil. Coupez les piments en rondelles.

5 Épongez les anchois sur du papier absorbant. Versez 1 filet d'huile au fond d'un plat rectangulaire, disposez les anchois côte à côte en procédant par couches comme pour des lasagnes. Ajoutez sur chaque couche du persil, de l'ail émincé, des rondelles de piment, quelques zestes de citron, et arrosez généreusement d'huile d'olive.

6 Laissez reposer 1 heure au frais.

7 Dégustez sur une tranche de pain de campagne.

* Les sardines, anchois, thon, saumon ne peuvent pas être consommés crus sans avoir été congelés au préalable, pendant une période d'au minimum 3 jours à -20 °C. Ceci pour éviter l'anisakis, un parasite qui vit dans les intestins des poissons et qui passe facilement dans leur chair.

Tartare de thon
aux parfums d'Italie

POUR 4 PERS. | **PRÉPARATION** 15 MIN | **MARINADE** 30 MIN

INGRÉDIENTS

- 320 g de filet de thon extra-frais (à congeler soi-même)*
- 1 cuil. à soupe de câpres au sel
- 100 g de tomates cerises
- 50 g d'olives taggiasche
- 2 pincées d'origan sec de qualité
- 5 cuil. à soupe d'huile d'olive extra vierge
- Le zeste d'1 citron non traité
- Sel, poivre fraîchement moulu

PRÉPARATION

1 Ôtez la peau du thon et coupez-le en petits dés.

2 Rincez soigneusement les câpres à l'eau claire et coupez les tomates cerises en deux.

3 Ajoutez au thon les câpres, les olives, les tomates, l'origan et 1 petite pincée de sel et de poivre. Arrosez d'huile d'olive.

4 Mélangez et laissez reposer au réfrigérateur 30 minutes.

5 Servez en portions en parsemant de zeste de citron râpé.

*Les poissons ne peuvent pas être consommés crus sans avoir été congelés au préalable, pendant une période d'au minimum 3 jours à -20 °C. Ceci pour éviter l'anisakis, un parasite qui vit dans les intestins des poissons et qui passe facilement dans leur chair.

Conseil

Sortez le tartare de thon du réfrigérateur une dizaine de minutes avant de le servir.

Impepata di cozze
sauté de moules comme à Naples

POUR 4 PERS. | **PRÉPARATION** 10 MIN | **CUISSON** 5 MIN

INGRÉDIENTS

- 2 bouquets de persil plat
- 2 kg de moules
- 2 gros citrons coupés en quartiers
- Poivre fraîchement moulu en abondance

PRÉPARATION

1 Lavez et hachez les feuilles de persil.

2 Lavez et grattez les moules sous l'eau courante et placez-les dans une poêle à feu vif avec du poivre noir. Couvrez et laissez les moules s'ouvrir complètement. Retirez du feu dès qu'elles sont ouvertes.

3 Servez en portions en garnissant les assiettes avec les quartiers de citron et le persil haché.

Á savoir

Les moules représentent avec les palourdes un des plats les plus typiques de la région de Naples, la Campanie. Elles y sont préparées de plusieurs façons.

Coquilles Saint-Jacques
à la vénitienne

POUR 4 PERS. | **PRÉPARATION** 15 MIN | **CUISSON** 15 MIN

INGRÉDIENTS

- 8 coquilles Saint-Jacques
- 1 bouquet de persil plat
- 1 gousse d'ail pelée et dégermée
- 1 beau morceau de pain rassis mixé
- 8 cuil. à café de vin blanc sec
- 8 cuil. à café d'huile d'olive extra vierge
- Sel, poivre du moulin

À savoir

C'est un grand classique de la cuisine vénitienne souvent servi en antipasto, mais qui peut également faire office de plat.

PRÉPARATION

1 Demandez à votre poissonnier de nettoyer les coquilles Saint-Jacques et gardez les 8 coquilles creuses.

2 Préchauffez le four à 210 °C (th. 7).

3 Hachez l'ail et les feuilles de persil.

4 Placez chaque noix dans une coquille, ajoutez ⅛ du persil, l'ail, du poivre, du sel, 1 cuillerée à café de vin blanc sec, ⅛ du pain rassis mixé, et 1 cuillerée à café d'huile d'olive.

5 Placez au four pendant environ 15 minutes jusqu'à ce que le dessus des coquilles soit doré.

6 Servez sans tarder.

Baccalà mantecato

mousse de morue à la vénitienne

POUR 4 PERS. | **PRÉPARATION** 20 MIN | **CUISSON** 5 MIN

INGRÉDIENTS

- 300 g de morue dessalée
- 1 gousse d'ail pelée et dégermée
- 1 feuille de laurier
- 1 bouquet de persil plat
- 12 cl environ d'huile de pépins de raisin
- 5 cl d'huile d'olive au goût délicat
- Sel, poivre du moulin

Á savoir

Si vous voulez diminuer la quantité d'huile, vous pouvez utiliser un peu d'eau de cuisson du poisson refroidie.
La quantité d'huile absorbée peut varier : elle dépend du poisson, plus ou moins gras.

PRÉPARATION

1 Plongez la morue dans une casserole remplie d'eau froide avec la gousse d'ail entière et la feuille de laurier.

2 Portez à ébullition en prenant soin d'éliminer l'écume au fur et à mesure et faites mijoter 5 minutes à feu doux. Éteignez le feu et laissez refroidir dans l'eau de cuisson.

3 Hachez les feuilles de persil. Égouttez la morue, pelez-la, enlevez les arêtes et émiettez la chair que vous placerez avec l'ail dans un robot, en utilisant la feuille (en alternative, vous pouvez utiliser un fouet électrique).

4 Versez au fur et à mesure les deux huiles (comme pour une mayonnaise) jusqu'à obtenir une consistance crémeuse.

5 Ajoutez du sel (seulement si vous utilisez de la morue surgelée), du poivre, le persil haché et mélangez.

6 Servez sur des tranches de pain ou de polenta grillées.

Mozzarella in carrozza
sandwichs de mozzarella frits

POUR 4 PERS. | **PRÉPARATION** 15 MIN | **CUISSON** 15 MIN

INGRÉDIENTS

- 2 mozzarellas de 125 g chacune
- 8 tranches moyennes de pain de mie
- 2 œufs
- 50 cl de lait
- 100 g de chapelure maison*
- 1 l d'huile pour friture
- 100 g de farine
- sel

Conseil

Vous pouvez également ajouter dans chaque sandwich de mozzarella un anchois de qualité, émincé. Ou encore des tomates séchées, du basilic et des anchois.

PRÉPARATION

1 Coupez les mozzarellas en tranches et mettez-les à égoutter.

2 Constituez 4 sandwichs de pain de mie et mozzarella, salez légèrement et pressez bien chaque sandwich afin que la mozzarella adhère au pain.

3 Coupez chaque sandwich en quatre.

4 Faites chauffer l'huile dans une friteuse et disposez dans une assiette la farine et dans l'autre la chapelure.

5 Dans une assiette creuse, battez les œufs avec 1 pincée de sel, ajoutez le lait et mélangez bien.

6 Passez les sandwichs de mozzarella (y compris les bords) dans la farine (tapotez pour enlever l'excédent) puis dans les œufs, enfin dans la chapelure en les enrobant soigneusement.

7 Plongez chaque sandwich dans l'huile bouillante à 170 °C jusqu'à ce qu'il soit doré de tous les côtés, puis égouttez sur du papier absorbant. Servez chaud.

* Vous pouvez facilement réaliser une chapelure avec du pain rassis et mixé. Elle sera bien meilleure que celle du commerce !

Bruschetta à l'espadon
et à la menthe

POUR 4 PERS. | **PRÉPARATION** 15 MIN

INGRÉDIENTS

- 250 g d'espadon frais préalablement décongelé*
- 4 cuil. à soupe d'huile d'olive extra vierge
- Quelques feuilles de menthe
- Le jus et le zeste d'½ citron
- Le jus et le zeste d'½ orange
- 4 tranches de pain de campagne grillées
- Sel, poivre du moulin

PRÉPARATION

1 Coupez l'espadon en petits dés et assaisonnez-les avec 2 cuillerées à soupe d'huile, du poivre, du sel, les jus et les zestes du citron et de l'orange et les feuilles de menthe finement ciselées.

2 Répartissez la préparation sur 4 tranches de pain, ajoutez quelques tours de poivre du moulin, assaisonnez avec l'huile d'olive restante et servez aussitôt.

* Les poissons ne peuvent pas être consommés crus sans avoir été congelés au préalable, pendant une période d'au minimum 3 jours à -20 °C. Ceci pour éviter l'anisakis, un parasite qui vit dans les intestins des poissons et qui passe facilement dans leur chair.

Carpaccio de bœuf
et ses crudités, sauce à la roquette

POUR 4 PERS. | **PRÉPARATION** 20 MIN | **CUISSON** 3 MIN

INGRÉDIENTS

- 1 piment frais
- 150 g de fenouil
- 50 g de poivron rouge
- 50 g de céleri en branche
- 400 g de filet de bœuf
- Le jus d'1 citron
- 7 cuil. à soupe d'huile d'olive extra vierge
- 50 g de roquette
- Sel, poivre du moulin

PRÉPARATION

1 Coupez le piment en deux, ôtez les graines et émincez-le.

2 Nettoyez et coupez en dés fenouil, poivron et céleri en branche et mettez-les dans un saladier.

3 Coupez le filet de bœuf en lanières et réservez.

4 Mélangez la moitié du jus de citron, du sel, du poivre, 2 cuillerées à soupe d'huile et assaisonnez les légumes avec ce mélange.

5 Lavez et émincez la roquette et faites-la cuire à feu doux pendant 3 minutes avec l'huile restante, le piment et 1 pincée de sel. Mixez cette préparation en ajoutant le jus de citron restant.

6 Transférez les légumes dans un grand plat de service, ajoutez le bœuf, assaisonnez avec la sauce à la roquette, mélangez et servez en portions.

Supplì croquettes de riz à la romaine

POUR 4 PERS. | **OU** 20 BOULETTES | **PRÉPARATION** 30 MIN | **REPOS** 40 MIN | **CUISSON** 30 MIN

INGRÉDIENTS

- 25 g de cèpes séchés
- 3 cuil. à soupe d'huile d'olive
- 1 oignon épluché et émincé
- 200 g de viande hachée de bœuf
- 320 g de riz (arborio ou carnaroli)
- ½ verre de vin blanc
- 350 g de concassée de tomates
- 50 cl de bouillon de légumes frémissant (voir p. 126)
- 1 jaune d'œuf
- 50 g de pecorino ou parmesan
- 250 g de mozzarella égouttée coupée en gros dés
- 150 g de farine
- 15 cl d'eau
- 200 g de chapelure (maison si possible)
- 2 l d'huile d'arachide (pour la friture)
- Sel, poivre du moulin

PRÉPARATION

1 Faites revenir l'oignon dans l'huile d'olive. Ajoutez la viande et faites rissoler 5 minutes. Montez le feu, ajoutez le riz, mélangez jusqu'à ce qu'il soit nacré, mouillez avec le vin, laissez s'évaporer. Ajoutez tomates, cèpes hachés, 4 à 5 louches de bouillon, salez, poivrez. Laissez cuire à feu moyen en mélangeant jusqu'à ce que le riz absorbe le bouillon. Il doit être très compact. Quand le riz est *al dente* (15 minutes), retirez du feu.

2 Incorporez le jaune battu, le pecorino, poivrez. Étalez le riz dans un moule rectangulaire, recouvrez de papier cuisson et refroidissez au congélateur 40 minutes.

3 Mouillez-vous les mains et prenez 1 bonne cuillerée à soupe de riz froid. Avec le pouce, faites un trou et insérez 1 dé de mozzarella. Refermez et formez une boulette allongée en la roulant délicatement dans vos mains.

4 Roulez chaque boulette dans la farine diluée, puis dans la chapelure, en enlevant l'excédent.

5 Faites dorer par petite quantité dans l'huile de friture à 170 °C, égouttez sur du papier absorbant et salez. Dégustez chaud.

Á savoir

Vous pouvez réaliser la recette en deux temps en préparant le riz la veille et en l'entreposant au réfrigérateur. Ainsi il sera bien froid.

Langoustines au Martini®

POUR 4 PERS. | **PRÉPARATION** 15 MIN | **CUISSON** 10 MIN

INGRÉDIENTS

- 12 langoustines moyennes
- 60 g de beurre
- 2 échalotes épluchées et hachées
- 300 g de pousses d'épinards fraîches
- ½ verre de Martini® blanc
- Le jus d'1 citron
- Sel, poivre du moulin

PRÉPARATION

1 Décortiquez les langoustines.

2 Faites revenir 20 g de beurre avec 1 échalote hachée dans une poêle.

3 Ajoutez les épinards et faites-les cuire à feu moyen de 3 à 4 minutes en les mélangeant souvent.

4 Éteignez le feu, salez, poivrez et réservez au chaud.

5 Faites revenir le beurre restant à feu doux avec l'échalote restante dans une autre poêle. Ajoutez les langoustines, faites-les cuire quelques minutes, salez et poivrez. Réservez.

6 Faites chauffer dans la poêle de cuisson des langoustines le Martini®, le jus de citron, du sel et du poivre. Quand la sauce devient sirupeuse, éteignez le feu.

7 Servez en portions les langoustines accompagnées des pousses d'épinards et arrosez avec la sauce.

Pâté de foie de lapin

POUR 4 PERS. | **PRÉPARATION** 10 MIN | **CUISSON** 10 MIN | **REPOS** 2 H

INGRÉDIENTS

- 200 g de foies de lapin ou de volaille
- ½ petit oignon
- 70 g de beurre
- 1 feuille de laurier
- 1 baie de genièvre
- 3,5 cl de marsala ou de vin doux
- Sel, poivre du moulin

À savoir

Cette préparation se garde quelques jours au réfrigérateur.
Vous pouvez déguster ce pâté sur du pain de campagne à peine grillé.

PRÉPARATION

1 Émincez les foies de lapin et faites-les tremper dans l'eau froide pendant 15 minutes. Puis lavez-les sous l'eau courante et épongez-les avec du papier absorbant.

2 Dans une casserole, faites suer l'oignon émincé avec 30 g de beurre pendant 5 minutes, puis ajoutez les foies, la baie de genièvre et le laurier.

3 Faites cuire pendant quelques minutes, ajoutez le marsala, laissez évaporer, salez, poivrez.

4 Ôtez la baie de genièvre, le laurier. Mixez la préparation jusqu'à obtention d'une préparation homogène.

5 Ajoutez le reste de beurre en morceaux et mixez. Vous devez obtenir une crème bien lisse et onctueuse.

6 Transférez dans une boîte tapissée de film alimentaire, fermez avec un couvercle et faites refroidir au réfrigérateur au moins 2 heures.

Tarte à la tomate, échalote et vinaigre balsamique

POUR	PRÉPARATION	CUISSON	REPOS
4 À 6 PERS.	20 MIN	50 MIN	10 MIN

INGRÉDIENTS

- 250 g de tomates cerises ou cœur-de-pigeon
- 4 échalotes
- 3 cuil. à soupe d'huile d'olive extra vierge
- 4,5 cl de vinaigre balsamique de qualité
- 1 cuil. à café de sucre en poudre
- 1 pâte feuilletée
- Basilic et thym frais
- Sel, poivre du moulin

PRÉPARATION

1 Coupez en deux les tomates cerises et les échalotes pelées et faites revenir pendant 15 minutes dans une poêle avec l'huile et quelques feuilles de thym.

2 Salez, poivrez, puis posez les légumes sur une feuille de papier absorbant.

3 Préchauffez le four à 180 °C (th. 6).

4 Versez le vinaigre balsamique et le sucre dans une casserole. Faites bouillir jusqu'à l'obtention d'une consistance sirupeuse (environ 2 minutes).

5 Humectez un moule d'environ 23 cm de diamètre, puis versez le vinaigre balsamique, les échalotes et les tomates côté bombé vers le haut.

6 Recouvrez la préparation avec la pâte feuilletée, piquez la pâte avec une fourchette et rentrez les bords.

7 Placez au four pendant 30 minutes environ.

8 Retirez le moule du four et attendez 10 minutes. Avec la pointe d'un couteau, détachez le bord de la pâte. Retournez délicatement la tarte sur un plat, décorez avec des feuilles de basilic et servez.

Gambas au lard de Colonnata et à la crème de pois chiches

POUR 4 PERS. | **PRÉPARATION** 15 MIN | **CUISSON** 15 MIN

INGRÉDIENTS

- 1 échalote
- 1 cuil. à soupe d'huile d'olive extra vierge
- 1 boîte de 400 g de pois chiches bio (250 g poids net environ)
- 20 cl environ de bouillon de légumes (voir p. 126)
- 1 tige d'environ 10 cm de romarin frais
- 2 feuilles de sauge fraîche
- 30 g de beurre
- 8 belles gambas crues décortiquées (sauf la queue)
- 8 tranches fines de lard de Colonnata
- Sel, poivre du moulin

PRÉPARATION

1 Pelez et hachez l'échalote et faites-la revenir dans une casserole avec l'huile d'olive.

2 Ajoutez les pois chiches égouttés, le bouillon de légumes, couvrez et faites bouillir pendant environ 5 minutes.

3 Éteignez le feu, mixez la préparation, ajoutez le romarin et la sauge hachés et réservez au chaud.

4 Faites revenir le beurre dans une poêle, ajoutez les gambas et faites-les cuire environ 2 minutes de chaque côté. (Il n'est pas nécessaire d'ajouter de sel, le lard de Colonnata étant naturellement salé).

5 À l'aide d'une fourchette, posez chaque gamba au centre d'1 tranche de lard que vous rabattrez de chaque côté.

6 Servez 4 portions de crème de pois chiches en ajoutant dans chaque assiette 2 gambas au lard de Colonnata.

7 Servez sans tarder.

Á savoir

Le lard de Colonnata (petit bourg de Toscane) est issu du dos du cochon. Il est affiné 6 mois dans des cavités de marbre, avec du sel, des épices et des herbes aromatiques.

Tourte cèpes, scamorza et pancetta

POUR 4 PERS. | **PRÉPARATION** 20 MIN | **CUISSON** 40 MIN

INGRÉDIENTS

- 400 g de cèpes frais ou surgelés
- 1 gousse d'ail pelée
- 2 cuil. à soupe d'huile extra vierge
- ½ verre de vin blanc sec
- ½ botte de persil plat haché
- 250 g de scamorza
- 100 g de pancetta coupée en tranches fines
- 2 disques de pâte feuilletée
- Sel, poivre fraîchement moulu

PRÉPARATION

1 Nettoyez les cèpes : à l'aide d'un couteau, retirez les parties du pied qui sont fibreuses et recouvertes de terre, puis passez un torchon humide sur toute la surface. Émincez-les.

2 Faites revenir la gousse d'ail légèrement écrasée avec l'huile d'olive dans une poêle. Ajoutez les cèpes, mélangez, puis versez le vin blanc que vous laisserez s'évaporer. Ajoutez du sel, du poivre, le persil, couvrez et continuez la cuisson pendant environ 10 minutes. Laissez tiédir.

3 Émincez la scamorza. Préchauffez le four à 180 °C (th. 6).

4 Doublez avec du papier cuisson une tourtière de 23 cm de diamètre environ et posez le premier disque de pâte feuilletée.

5 Versez les champignons, parsemez de tranches de pancetta, puis de scamorza.

6 Posez dessus le deuxième disque de pâte feuilletée, rabattez les bords, piquez la pâte avec une fourchette et faites cuire pendant 30 minutes environ. Servez la tourte tiède.

À savoir

Si les cèpes sont surgelés, il faudra quelques minutes en plus pour laisser leur eau s'évaporer. Pour ce faire, gardez la poêle découverte.

Tartines au beurre d'anchois et tomates semi-confites

POUR 4 PERS. | **PRÉPARATION** 15 MIN

INGRÉDIENTS

- 100 g de beurre
- 30 g d'anchois à l'huile égouttés
- 8 tranches moyennes de pain aux olives ou de pain de mie de boulangerie
- 200 g de tomates semi-confites
- Le zeste d'1 citron bio

PRÉPARATION

1 Laissez ramollir le beurre à température ambiante.

2 Mixez le beurre pommade avec les anchois jusqu'à l'obtention d'une crème.

3 Faites griller légèrement les tranches de pain.

4 Étalez le beurre d'anchois sur les tranches de pain, ajoutez les tomates semi-confites et du zeste de citron râpé.

5 Servez sans tarder.

À savoir

Si vous souhaitez faire vous-même les tomates semi-confites, vous trouverez la recette page 230.

Poulpe à l'huile, citron et olives taggiasche

POUR 4 PERS. | **PRÉPARATION** 10 MIN | **CUISSON** 45 MIN | **OU À L'AUTOCUISEUR** 18 MIN | **REPOS** 15 MIN

INGRÉDIENTS

- 1 kg de poulpe
- 1 feuille de laurier
- Le jus d'1 citron non traité
- 6 cuil. à soupe d'huile olive extra vierge
- 2 belles poignées d'olives taggiasche
- Sel, poivre fraîchement moulu

PRÉPARATION

1 Demandez à votre poissonnier de nettoyer le poulpe.

2 Plongez le poulpe dans une casserole d'eau bouillante salée pendant 45 minutes avec la feuille de laurier. (Si vous utilisez l'autocuiseur le processus est le même mais vous calculez 18 minutes à partir du sifflement.)

3 Une fois la cuisson terminée, laissez un peu refroidir le poulpe dans son eau de cuisson, récipient couvert.

4 Coupez le poulpe en morceaux et placez-le dans un saladier.

5 Dans un bol, à l'aide d'un petit fouet ou d'une fourchette, émulsionnez le jus de citron, l'huile d'olive, du sel et du poivre.

6 Versez la sauce au citron dans le saladier avec le poulpe, ajoutez les olives et mélangez. Dégustez tiède ou froid.

Sarde a beccaficu

sardines fourrées à la sicilienne

POUR 4 PERS. | **PRÉPARATION** 15 MIN | **CUISSON** 25 MIN

INGRÉDIENTS

- 50 g de raisins secs
- 4 cuil. à soupe d'huile d'olive extra vierge
- 100 g de pain de mie mixé
- 50 g de pignons de pin
- 6 anchois dessalés
- 800 g de sardines très fraîches
- 1 bouquet de laurier
- Le jus d'1 orange non traitée
- Le jus d'1 citron non traité
- Sel, poivre du moulin

PRÉPARATION

1 Réhydratez les raisins dans un bol d'eau bouillante. Enlevez la tête des sardines, coupez-les dans le sens de la longueur, retirez l'arête, lavez-les à l'eau claire puis essuyez avec du papier absorbant. Réservez.

2 Faites chauffer, à feu doux, 2 cuillerées à soupe d'huile dans une poêle, ajoutez le pain de mie mixé, 1 pincée de sel et mélangez jusqu'à ce que le pain soit doré.

3 Versez cette préparation dans un bol avec les pignons, les raisins égouttés et séchés, les anchois émincés. Mélangez bien.

4 Badigeonnez d'huile un plat à four de 30 x 18 cm. Préchauffez le four à 180 °C (th. 6). Disposez les sardines ouvertes côté peau, ajoutez 1 pincée de sel, du poivre et déposez dans chaque sardine une partie de la farce. Conservez un peu de farce pour la décoration.

5 Enroulez les sardines en partant de la tête de façon à ce que la queue reste au-dessus. Posez-les dans le plat en insérant 1 feuille de laurier entre chaque sardine.

6 Saupoudrez avec le reste de la farce, arrosez avec les jus de citron et d'orange. Enfournez pour une vingtaine de minutes.

Á savoir

Dégustez-les tièdes, mais elles sont également très bonnes froides le lendemain.
Ce plat est un hommage à un petit oiseau (le beccafico), très gourmand de figues fraîches, que les aristocrates dégustaient farci. Les classes populaires, n'ayant pas accès à ce mets délicat, l'ont remplacé par des sardines.

Tourte de scarole
comme à Naples

POUR 4 PERS. | **PRÉPARATION** 20 MIN | **CUISSON** 50 MIN

INGRÉDIENTS

- 1 kg de scarole
- 4 cuil. à soupe d'huile d'olive extra vierge
- 4 anchois à l'huile d'olive extra vierge
- 1 gousse d'ail pelée et dégermée
- 1 cuil. à soupe d'olives de qualité (idéalement de Gaeta ou à défaut de Kalamata) dénoyautées et coupées en morceaux
- 1 cuil. à soupe de pignons de pin
- 1 cuil. à soupe de raisins secs
- 600 g de pâte à pain de votre boulanger ou 2 pâtes à pizza du commerce ou faites maison (voir p. 172)
- Sel, poivre fraîchement moulu

PRÉPARATION

1 Nettoyez la scarole, lavez-la et égouttez-la soigneusement.

2 Faites fondre dans une poêle l'huile d'olive avec les anchois et la gousse d'ail entière légèrement écrasée.

3 Quand les anchois sont fondus ajoutez la scarole et les olives. Mélangez et laissez cuire pendant environ 15 minutes à feu moyen et à découvert en mélangeant de temps en temps.

4 Ensuite, faites cuire la scarole à feu vif pendant 10 minutes, pour permettre à l'excédent d'eau de s'évaporer. En fin de cuisson, la scarole doit être fondante mais pas aqueuse. Ôtez l'ail, ajoutez les pignons et les raisins.

5 Préchauffez le four à 210 °C (th. 7). Coupez la pâte à pain en deux morceaux. Étirez chaque pâton sur environ 2 mm d'épaisseur. Huilez le fond d'un moule de 25 cm de diamètre, calez bien au fond un disque de pâte à pain et faites bien adhérer.

6 Ajoutez le mélange de scarole, couvrez avec le deuxième disque de pâte, repliez et scellez les bords. Piquez la superficie avec une fourchette.

7 Enfournez pour environ 35 minutes. Dégustez la tourte de scarole tiède ou à température ambiante.

Fleurs de courgette
à la ricotta

POUR 4 PERS. | **PRÉPARATION** 20 MIN | **CUISSON** 10 MIN

INGRÉDIENTS

- 350 g de ricotta fraîche (si possible de brebis ou de bufflonne)
- 70 g de pecorino ou de parmesan affiné pendant 24 mois
- 1 jaune d'œuf
- 1 cuil. à soupe de menthe ciselée (ou de basilic)
- Le zeste râpé d'1 citron non traité
- 8 fleurs de courgette
- 150 g d'eau gazeuse bien froide
- 100 g de Maïzena®
- 50 g de farine de blé
- 1 l d'huile pour friture
- Sel, poivre fraîchement moulu

PRÉPARATION

1 Placez la ricotta dans un saladier, assouplissez-la, puis ajoutez le pecorino, le jaune d'œuf, la menthe, le zeste de citron. Salez (attention le pecorino est naturellement salé) et poivrez. Goûtez et rectifiez l'assaisonnement, si nécessaire.

2 Versez le mélange dans une poche à douille.

3 Écartez délicatement les pétales des fleurs de courgette et ôtez le pistil.

4 Faites chauffer l'huile dans une friteuse à 180 °C.

5 Farcissez chaque fleur aux deux tiers, puis « vissez » les pétales pour la fermer.

6 Mélangez la farine et la Maïzena® avec l'eau gazeuse. Plongez rapidement chaque fleur de courgette dans ce mélange.

7 Faites frire les fleurs de courgettes de 2 à 3 minutes, puis égouttez-les sur du papier absorbant, salez et servez encore chaud.

Tigelle petits pains farcis à la mortadelle, pancetta et jambon de Parme

POUR	PRÉPARATION	REPOS	CUISSON
4 PERS.	10 MIN	1 H 30	10 MIN

INGRÉDIENTS

- 250 g de farine
- ½ sachet de levure de boulanger instantanée
- 7 cl de lait entier
- 7 cl d'eau tiède
- 30 g de saindoux ou 1 cuil. à soupe d'huile d'olive extra vierge
- 1 cuil. à café de sel
- 200 g environ de mortadelle, pancetta et jambon de Parme

PRÉPARATION

1 Dans un robot pâtissier muni du crochet, pétrissez la farine avec la levure, ajoutez l'eau tiède et le lait au fur et à mesure, le saindoux et puis le sel.

2 Faites une boule et laissez lever à couvert pendant 1 heure. Étendez la pâte sur une épaisseur d'environ 1 cm.

3 En vous aidant d'un emporte-pièce, détaillez des disques de 7 cm de diamètre environ. Vous devez obtenir 8 tigelle que vous ferez lever encore 30 minutes à couvert.

4 Faites chauffer une poêle antiadhésive légèrement graissée avec de l'huile d'olive.

5 Faites cuire les tigelle à la poêle 2 à 3 minutes de chaque côté (feu vif au début puis à feu doux) avec un poids au-dessus (papier sulfurisé et une autre poêle par exemple).

6 Coupez en deux les tigelle avant de les farcir avec la charcuterie.

Á savoir

Au fur et à mesure que vos tigelle seront prêtes, disposez-les dans un saladier doublé d'un torchon propre et couvrez. Elles se maintiendront ainsi moelleuses et chaudes plus longtemps !
Les tigelle ou crescentine sont originaires d'Émilie-Romagne. Elles peuvent être également farcies avec du lard gras et du romarin haché : un régal.

Tortano couronne napolitaine de pain farci

POUR 4 PERS. | **PRÉPARATION** 20 MIN | **REPOS** 30 MIN | **CUISSON** 45 MIN

INGRÉDIENTS

- 2 œufs bio
- 500 g de pâte à pain (ou à défaut une pâte à pizza rectangulaire, voir p. 172, ou du commerce)
- Farine pour le plan de travail
- 1 grosse noix de saindoux
- 150 g de charcuterie (pancetta, jambon de Parme, salami Napoli...) coupée en dés
- 150 g de provolone coupé en dés
- 100 g de pecorino râpé
- 2 cuil. à soupe d'huile d'olive extra vierge
- Poivre fraîchement moulu

PRÉPARATION

1 Dans une petite casserole d'eau froide, faites cuire les œufs pendant 12 minutes à partir de l'ébullition. Écalez-les (pour le faire facilement, placez-les dans de l'eau froide pendant 5 minutes environ) et hachez-les grossièrement.

2 Préchauffez le four à 180 °C (th. 6). Sur le plan de travail légèrement fariné, étalez la pâte à pain en un rectangle de 0,5 cm d'épaisseur. Avec un pinceau ou les doigts, badigeonnez le saindoux sur toute la superficie puis ajoutez du poivre en abondance.

3 Répartissez les charcuteries, les fromages et les œufs. Ajoutez du poivre du moulin. Enroulez la pâte sur elle-même, en la serrant légèrement, pour former un gros « saucisson ». Scellez les extrémités et formez une couronne.

4 Posez le tortano dans un grand moule à savarin métallique huilé ou sur la plaque du four recouverte de papier sulfurisé et laissez lever à température ambiante pendant 30 minutes. Au bout de ce temps de repos, badigeonnez le tortano d'huile d'olive et enfournez-le pour 35 minutes environ : il doit être bien cuit et doré. Servez tiède ou à température ambiante, entier ou découpé en tranches épaisses.

Á savoir

C'est une recette qu'on déguste à Naples pendant Pâques. Il existe également le casatiello qui se différencie du tortano pour les œufs entiers placés avec la coquille sur la tourte et qui cuisent au four.

Bruschetta aux fraises
et vinaigre balsamique

POUR 4 PERS. | **PRÉPARATION** 10 MIN | **CUISSON** 5 MIN

INGRÉDIENTS

- 4 tranches de pain de campagne blanc
- 1 gousse d'ail pelée et dégermée
- 150 g de fraises
- 70 g d'olives taggiasche
- 1 cuil. à soupe de vinaigre de vin rouge
- 2 cuil. à soupe de vinaigre balsamique
- Huile d'olive extra vierge
- 10 feuilles de basilic
- Fleur de sel
- Poivre

PRÉPARATION

1 Faites griller les tranches de pain et frottez-les avec l'ail.

2 Lavez les fraises et coupez-les en petits dés.

3 Dénoyautez et coupez les olives et mélangez-les avec les fraises, les vinaigres, 1 cuillerée à soupe d'huile, de la fleur de sel et du poivre.

4 Répartissez le mélange de fraises et olives sur les tranches de pain grillé.

5 Décorez avec du basilic haché, ajoutez 1 filet d'huile d'olive et servez.

Cerises, poivrons, burrata
et ses croûtons

POUR 4 PERS. | **PRÉPARATION** 15 MIN | **CUISSON** 15 MIN

INGRÉDIENTS

- 1 pâte à pizza fine, prête à l'emploi (voir p. 172, ou du commerce)
- 3 cuil. à soupe d'huile d'olive extra vierge
- ½ oignon de Tropea ou oignon doux
- 1 poivron rouge
- 300 g de burrata
- 15 cerises
- 1 cuil. à café de paprika
- Fleur de sel
- Poivre

PRÉPARATION

1 Préchauffez le four à 200 °C (th. 6-7). Dénoyautez les cerises.

2 À l'aide d'un pinceau, badigeonnez la pâte à pizza avec 2 cuillerées à soupe d'huile extra vierge, puis enfournez pour environ 15 minutes. Votre pâte devra être croustillante.

3 Épluchez et émincez finement l'oignon et faites-le revenir dans une poêle pendant quelques instants dans 1 cuillerée à soupe d'huile d'olive.

4 Ajoutez le poivron épépiné et coupé en petits dés et laissez cuire à feu vif pendant 3 minutes, puis ajoutez les cerises.

5 Poursuivez la cuisson pendant 3 minutes, ajoutez de la fleur de sel, du poivre, éteignez le feu et laissez refroidir.

6 Effilochez la burrata, mélangez-la avec le paprika, les poivrons, les cerises, du sel et du poivre.

7 Sortez la pâte à pizza du four et cassez-la grossièrement en morceaux moyens.

8 Disposez dans quatre assiettes la préparation avec la burrata et un morceau de pâte à pizza croustillante.

Tarte au romarin, champignons, burrata et jambon de Parme

POUR 4 PERS. | **PRÉPARATION** 15 MIN | **REPOS** 30 MIN | **CUISSON** 30 MIN

INGRÉDIENTS

- 200 g de champignons de Paris
- 250 g de burrata
- 200 g de jambon de Parme ou San Daniele
- 2 cuil. à soupe d'huile d'olive extra vierge
- Sel, poivre fraîchement moulu

Pour la pâte

- 300 g de farine + pour le plan de travail
- 150 g de beurre
- 1 cuil. à soupe de romarin frais haché
- 3 à 4 cuil à soupe d'eau froide
- 1 pincée de sel

PRÉPARATION

1 Mélangez la farine, le romarin haché, le sel et le beurre coupé en dés dans un saladier. Travaillez cette préparation rapidement et ajoutez l'eau froide progressivement (la quantité dépend de la qualité de la farine). Mélangez à nouveau du bout des doigts jusqu'à obtenir une pâte homogène. Couvrez avec du papier film et laissez reposer au réfrigérateur pendant 30 minutes.

2 Préchauffez le four à 180 °C (th. 6). Sur une superficie légèrement farinée, abaissez la pâte sur 2 mm d'épaisseur, puis transférez-la dans une moule d'environ 28 cm de diamètre. Piquez la pâte avec une fourchette et enfournez pour 30 minutes. Sortez du four et laissez refroidir.

3 Entre-temps, nettoyez, puis émincez les champignons de Paris et faites-les revenir dans une poêle de 3 à 4 minutes dans 2 cuillerées à soupe d'olive extra vierge. Ajoutez du sel, du poivre et éteignez le feu.

4 Mixez la burrata avec 1 pincée de sel et du poivre. Répartissez sur la tarte la burrata, les champignons et enfin le jambon de Parme. Parsemez avec une généreuse dose de poivre du moulin et servez.

Á savoir

Vous pouvez également acheter une pâte brisée et ajouter le romarin à la burrata avant de la mixer.
Vous pouvez remplacer la burrata par 200 g de brie émincé en fines tranches. Dans ce cas, vous farcirez la tarte à sa sortie du four de façon à ce que le fromage fonde.

Pizzette fritte
petites pizzas frites

POUR 4 PERS. | **OU** 10 PIZZETTE | **PRÉPARATION** 20 MIN | **CUISSON** 20 MIN

INGRÉDIENTS

- 150 g de mozzarella de bufflonne
- 300 g de tomates concassées en boîte (ou fraîches en saison)
- 1 gousse d'ail épluchée
- 3 cuil. à soupe d'huile d'olive extra vierge
- 250 g de pâte à pain (ou une pâte à pizza fine, voir p. 172, ou du commerce)
- Quelques feuilles de basilic
- 1 l d'huile d'arachide
- Sel, poivre fraîchement moulu

PRÉPARATION

1 Coupez en petits morceaux la mozzarella de bufflonne et égouttez-la dans une passoire.

2 Dans une casserole, faites revenir l'ail légèrement écrasé avec les tomates concassées et l'huile. Laissez mijoter à couvert pendant une dizaine de minutes, puis salez et réservez au chaud.

3 Préchauffez l'huile pour la friture dans une casserole à fond épais et haute d'au moins 10 cm.

4 Avec un cercle d'environ 7 cm, formez une dizaine de disques de pâte.

5 Plongez les disques de pâte dans l'huile chaude à 170 °C et faites frire à feu moyen 3 à 4 pizzette à la fois jusqu'à ce qu'elles dorent et gonflent, en ayant soin de les retourner et en arrosant d'huile chaude la face non immergée.

6 Égouttez-les sur du papier absorbant.

7 Répartissez sur les pizzette la sauce tomate, quelques dés de mozzarella, du poivre du moulin et un peu de basilic déchiré à la main. Dégustez immédiatement.

Taralli biscuits salés aux graines de fenouil

POUR 4 PERS. | **PRÉPARATION** 1 H | **REPOS** 10 MIN + 1 H AU MINIMUM | **CUISSON** 40 MIN

INGRÉDIENTS

- 130 g de farine T55 ou T65 + pour le plan de travail
- 120 g de farine semi-complète ou d'épeautre
- 1 cuil. à café rase de sel
- 1 cuil. à soupe de graines de fenouil
- 7 cl d'huile d'olive extra vierge
- 5 cl de vin blanc

Astuce

Les taralli sont des biscuits salés typiques du sud de l'Italie et notamment des Pouilles. Ils agrémentent bien les apéros. Ils se conservent une semaine dans une boîte en fer hermétique.

PRÉPARATION

1 Dans un saladier, mélangez à la fourchette les farines avec le sel, les graines de fenouil. Ajoutez l'huile au fur et à mesure et autant d'eau que nécessaire pour obtenir une boule qui ne soit pas collante (la quantité dépend de la qualité de la farine).

2 Travaillez la pâte sur un plan de travail légèrement fariné ou au robot pendant 10 minutes, afin qu'elle devienne souple et lisse, puis transférez-la dans un saladier et couvrez avec du film étirable. Entreposez dans un lieu tiède pendant 10 minutes.

3 Formez des boules de pâte de la taille d'une noix, roulez-les sur le plan de travail légèrement fariné en boudins d'1 cm de diamètre et d'au moins 12 cm de longueur (voire 20). Torsadez les boudins, refermez-les en anneaux en pinçant les extrémités pour bien les sceller. Laissez reposer quelques heures.

4 Préchauffez le four à 190 °C (th. 6-7) à chaleur tournante (ou 200 °C (th. 6-7) à chaleur statique). Portez à ébullition de l'eau salée dans une casserole moyenne. Plongez les taralli par 5 à la fois et égouttez à l'aide d'une écumoire dès qu'ils remontent à la surface. Si vous pouvez, laissez-les reposer au moins 1 heure.

5 Disposez-les sur un torchon propre, puis posez-les sur une plaque recouverte de papier cuisson. Enfournez pour 25 minutes, le temps que les taralli colorent et deviennent croquants.

Tarte salée aux épinards, gorgonzola et noisettes

POUR 4 PERS. | **PRÉPARATION** 20 MIN | **CUISSON** 25 MIN

INGRÉDIENTS

- 120 g de jeunes pousses d'épinards
- 1 pâte feuilletée prête à l'emploi
- 250 g de gorgonzola
- 30 g de noisettes
- Thym
- Sel

PRÉPARATION

1 Préchauffez le four à 200 °C (th. 6-7).

2 Placez les pousses d'épinards lavées dans un égouttoir dans l'évier.

3 Faites bouillir dans un faitout 2 litres d'eau salée, puis déversez-la sur les pousses. Laissez tiédir, puis essorez-les très soigneusement.

4 Déposez la pâte feuilletée dans un moule de 25 cm de diamètre en repliant les bords à l'intérieur pour façonner le bord puis piquez le fond avec une fourchette et enfournez pour 15 minutes.

5 Hachez les pousses d'épinards. Coupez le gorgonzola en dés et travaillez-le avec une cuillère en bois ou une spatule avec les pousses d'épinards et quelques feuilles de thym.

6 Hachez les noisettes grossièrement.

7 Sortez la pâte feuilletée du four et étalez sur le fond de tarte la crème d'épinards/gorgonzola, puis saupoudrez avec les noisettes et du thym.

8 Enfournez de nouveau pour 10 minutes jusqu'à ce que la pâte soit bien dorée, puis servez en portions.

Anchois gratinés
à la calabraise

POUR 4 PERS. | **PRÉPARATION** 20 MIN | **CUISSON** 30 MIN

INGRÉDIENTS

- 700 g d'anchois
- 50 g de persil
- 3 gousses d'ail épluchées
- 3 citrons non traités
- 5 cl d'huile d'olive
- 200 g environ de chapelure maison
- Origan sec
- 3 cuil. à soupe d'huile d'olive extra vierge
- Sel, poivre du moulin

PRÉPARATION

1 Nettoyez les anchois sous un filet d'eau : ôtez les têtes, videz-les, retirez les arêtes centrales et gardez les queues.

2 Hachez finement les feuilles de persil et les gousses d'ail séparément. Pressez les citrons.

3 Préchauffez le four à 160 °C (th. 5-6).

4 Versez l'huile dans un récipient en Pyrex®, saupoudrez d'un peu de chapelure et disposez une couche d'anchois, d'ail, du sel, du poivre, de l'origan et de la chapelure.

5 Répétez l'opération jusqu'à ce que vous ayez utilisé tous les ingrédients, terminez par une couche de chapelure et arrosez avec le jus de citron.

6 Enfournez les anchois pour environ 30 minutes, laissez tiédir et servez.

Artichauts à la romaine

POUR 4 PERS. | **PRÉPARATION** 40 MIN | **CUISSON** 35 MIN

INGRÉDIENTS

- 8 artichauts poivrade
- ½ bouquet de persil plat
- 10 feuilles de menthe fraîche
- 1 gousse d'ail pelée et dégermée
- Le jus d'1 citron
- 20 cl huile d'olive extra vierge
- Sel, poivre du moulin

PRÉPARATION

1 Préparez les artichauts : enlevez les feuilles les plus coriaces (celles qui sont vert foncé) ainsi que la couche extérieure de la tige. Coupez 2 cm de pointes ainsi que l'extrémité de la tige de façon à en conserver 4 cm. Le morceau de tige conservé attaché doit être pelé.

2 Retirez le foin si besoin. Réservez les artichauts entiers dans de l'eau citronnée.

3 Hachez le persil, la menthe et l'ail dans un bol, salez.

4 Égouttez les artichauts, écartez légèrement leurs feuilles avec les mains afin d'y distribuer le mélange d'herbes et d'ail.

5 Posez les artichauts dans une cocotte à fond épais, tête en bas, serrés les uns contre les autres de manière à ce qu'ils tiennent debout.

6 Versez de l'huile d'olive jusqu'à 1 cm de hauteur puis de l'eau à hauteur de la tige.

7 Salez, couvrez et laissez cuire à feu moyen environ pendant 35 minutes : la lame d'un couteau doit transpercer les artichauts facilement. Ils doivent devenir tendres mais rester entiers.

8 Égouttez les artichauts et servez-les en hors-d'œuvre ou en accompagnement d'un plat.

Á savoir

Ces artichauts sont également exquis pour assaisonner des pâtes. Pour cela, une fois cuits, vous les émincerez avant de les joindre aux pâtes.

Primi piatti

Pesto alla genovese

pistou à la génoise

POUR 4 PERS. | **PRÉPARATION** 10 MIN | **CUISSON** 10 MIN ENVIRON

INGRÉDIENTS

- 320 g de linguine ou spaghetti
- 45 g de parmesan DOP affiné pendant 24 mois
- 20 g de pecorino sarde (*fiore sardo*) affiné ou de pecorino romano
- 50 g de feuilles de basilic frais
- 30 g de pignons de pin
- 1 gousse d'ail pelée et dégermée
- 6 cl environ d'huile d'olive extra vierge délicate
- 1 pincée de sel (attention si vous utilisez le pecorino romano, il est salé, ajoutez moins de sel)

PRÉPARATION

1 Placez la lame du mixeur dans le congélateur pendant une dizaine de minutes.

2 Faites cuire les linguine *al dente* dans un grand volume d'eau salée.

3 Pendant ce temps, râpez le pecorino et le parmesan. Lavez délicatement les feuilles de basilic et essuyez-les.

4 Dans le bol du mixeur, placez les pignons de pin, l'ail, le parmesan, le pecorino, le basilic et l'huile. Mixez par à-coups rapides pour ne pas « chauffer » le mélange. Si le pistou est trop dense, délayez-le avec un peu d'eau de cuisson des pâtes.

5 Égouttez les linguine, versez-les dans un saladier et assaisonnez-les avec le pistou. Servez sans tarder.

Á savoir

C'est un plat original de la cuisine ligure. Son nom provient du latin pestare *(« écraser ») car autrefois (et encore aujourd'hui pour les puristes !) les ingrédients étaient pilés dans un mortier en marbre. La qualité des ingrédients ainsi que le dosage font la différence par rapport à un pistou quelconque.*

Gnocchi de pommes de terre à la sauce tomate

POUR 4 PERS. | **PRÉPARATION** 10 MIN | **CUISSON** 40 MIN

INGRÉDIENTS

- 1 kg de pommes de terre à chair farineuse (type bintje) de la même grosseur
- Gros sel
- 1 petite carotte pelée
- 1 gousse d'ail pelée et dégermée
- 1 petit oignon épluché
- 1 branche de céleri
- 2 cuil. à soupe d'huile d'olive
- 30 g de beurre
- 1 boîte de pulpe de tomates (400 g environ)
- 2 belles poignées de basilic frais
- 200 g de farine environ
- 1 œuf
- 60 g environ de parmesan affiné 24 mois fraîchement râpé + 1 cuil. à soupe bombée
- Sel, poivre du moulin

PRÉPARATION

1 Faites cuire les pommes de terre à l'eau froide, sans les éplucher, avec du gros sel pendant environ 30 minutes selon la taille. Elles doivent être fondantes.

2 Hachez les légumes, faites-les revenir dans une grande poêle avec l'huile et le beurre. Ajoutez les tomates, du poivre, du sel, couvrez et laissez cuire à feu doux 20 à 30 minutes. Ajoutez les feuilles de basilic déchirées à la main, éteignez le feu et gardez au chaud.

3 Épluchez les pommes de terre chaudes et passez-les au presse-purée ou au moulin à légumes, transférez la purée sur un plan de travail fariné.

4 Formez un puits au milieu et ajoutez la moitié de la farine, 1 bonne pincée de sel, le parmesan et l'œuf. Ajoutez si nécessaire le reste de farine peu à peu et travaillez la pâte afin d'obtenir un pâton souple.

5 Sur un plan de travail fariné et les mains farinées, façonnez des rouleaux d'1,5 cm de diamètre environ, puis découpez-les en tronçons d'environ 1 cm.

Conseil

Pour ce plat, il convient de choisir des pommes de terre riches en amidon et plutôt pauvres en eau, pour qu'elles absorbent le moins possible de farine dont la quantité est variable.

6 Roulez-les entre vos mains et appuyez légèrement dessus avec le dos d'une fourchette ou d'une râpe à fromage de manière à créer des sillons et un pli à l'intérieur du gnocchi.

7 Faites cuire les gnocchi dans une grande casserole remplie d'eau salée portée à ébullition.
À fur et à mesure qu'ils remontent à la surface, transférez-les dans la sauce tomate avec un peu d'eau de cuisson. Mélangez très délicatement de façon à ce que les gnocchi s'imbibent de sauce sans s'abîmer. Servez les gnocchi saupoudrés de parmesan.

Gnudi gnocchi épinards et ricotta

POUR 4 PERS. | **PRÉPARATION** 20 MIN | **CUISSON** 15 MIN

INGRÉDIENTS

- 500 g de feuilles d'épinards frais (poids net) ou 250 g surgelés
- 2 cuil. à soupe bombées de farine
- Noix de muscade
- 170 g de parmesan fraîchement râpé
- 1 œuf
- 300 g de ricotta de brebis ou de vache fraîche (évitez si possible la ricotta industrielle trop aqueuse)
- 150 g de beurre
- 5 feuilles de sauge fraîche
- Sel, poivre du moulin

PRÉPARATION

1 Faites cuire les épinards pendant 5 minutes dans une casserole d'eau salée, puis égouttez-les soigneusement et laissez refroidir.

2 Essorez les épinards en les pressant entre les paumes de vos mains, hachez-les au couteau et transférez-les dans un saladier avec la farine, la ricotta, 1 pincée de muscade, du sel, du poivre, 100 g de parmesan et l'œuf. Mélangez soigneusement.

3 Faites chauffer 4 litres d'eau salée dans une grande casserole.

4 À l'aide de vos mains humidifiées, prélevez de la pâte de la taille d'une grosse noix, formez une boule et roulez-la délicatement dans une assiette farinée. Continuez ainsi avec toute la pâte et rangez les gnudi sur un grand plat recouvert d'une feuille de papier sulfurisé.

5 Faites fondre le beurre dans une poêle avec la sauge, puis laissez infuser hors du feu.

6 Faites chauffer un faitout rempli d'eau, portez à frémissement, puis plongez la moitié des gnudi et laissez cuire jusqu'à ce qu'ils remontent à la surface. Égouttez-les à l'aide d'une écumoire, servez en portions avec le beurre de sauge fondu bien chaud et parsemez de parmesan restant.

Conseil

Pour un résultat optimal, égouttez tous les gnocchi épinards et ricotta et puis assaisonnez-les dans une grande poêle avec le beurre de sauge fondu bien chaud, un peu d'eau de cuisson et saupoudrez de parmesan.
Les gnudi sont des raviolis sans pâte (littéralement leur nom signifie « ravioli nu ») typiques de la Toscane.

Gnocchi de potimarron
au beurre et à la sauge

POUR 4 PERS. | **PRÉPARATION** 40 MIN | **CUISSON** 40 MIN

INGRÉDIENTS

- 60 g de beurre
- 8 feuilles de sauge
- 1 kg de potimarron bio avec sa peau
- 2 jaunes d'œufs
- 80 à 100 g de farine
- 70 g de pecorino romano ou de parmesan de 24 mois d'affinage, fraîchement râpé
- Sel, poivre du moulin

PRÉPARATION

1 Dans une poêle, faites fondre à feu doux le beurre avec la sauge, puis retirez du feu et laissez infuser.

2 Préchauffez le four à 200 ° (th. 6-7). Coupez le potimarron à moitié, enlevez les graines et coupez-le en morceaux (pas la peine de le peler) de 2 cm environ, puis enfournez-le et laissez cuire à chaleur tournante 30 minutes.

3 Passez les morceaux de potimarron au presse-purée ou mixez-les. Vous devez obtenir 500 g de purée. Placez la pulpe dans un saladier, ajoutez les jaunes d'œufs, 80 g de farine, 20 g de pecorino, du poivre et du sel.

4 Portez à ébullition 3 litres d'eau salée. Avec la purée de potimarron, formez une quenelle : si elle se délite, rajoutez un peu de farine à la pâte. Plongez les quenelles et faites cuire jusqu'à ce qu'elles remontent à la surface (3 minutes environ). Ne faites pas trop cuire de quenelles à la fois.

5 Égouttez les quenelles avec une écumoire et déposez-les délicatement dans la poêle avec le beurre à la sauge bien chaud sans les superposer. Ajoutez 2 cuillerées à soupe d'eau de cuisson et mélangez très délicatement. Servez les gnocchi bien chauds en portions, parsemés de pecorino.

Crème de tomates
et sa tranche de pain à l'ail rôti

POUR 4 PERS. | **PRÉPARATION** 15 MIN | **CUISSON** 35 MIN

INGRÉDIENTS

- 1 kg de tomates cerises ou cœur-de-pigeon
- 1 bonne pincée de sucre en poudre
- Origan sec
- 3 grosses têtes d'ail
- 8 cuil. à soupe d'huile d'olive extra vierge
- 1 gros oignon de Tropea si possible (dans les épiceries fines italiennes) ou à défaut 1 oignon blanc
- 1 botte de basilic
- 4 tranches de pain de campagne grillées
- Thym frais
- Sel, poivre du moulin

PRÉPARATION

1 Préchauffez le four à 200 °C (th. 6-7). Coupez les tomates en deux et posez-les sur une lèchefrite recouverte d'un double papier cuisson. Saupoudrez les tomates d'1 bonne pincée de sucre, du sel, du poivre, de l'origan et 4 cuillerées à soupe d'huile.

2 Coupez la calotte de chaque tête d'ail, assaisonnez chaque surface avec du sel, du poivre, 1 filet d'huile et du thym. Enveloppez les têtes d'ail dans une papillote et déposez-les sur la lèchefrite. Enfournez pour 30 minutes environ.

3 Pelez et émincez l'oignon. Faites-le revenir avec 2 cuillerées à soupe d'huile, 1 tige de basilic, ajoutez les tomates cuites avec leur jus. Laissez cuire pendant 5 minutes en mélangeant, puis ôtez la tige de basilic.

4 Mixez, à l'aide du pied mixeur, la sauce avec le basilic restant (en réservant quelques feuilles pour le service). Assaisonnez.

5 Pressez avec les doigts les têtes d'ail désormais confites et répartissez-les sur chaque tranche de pain avec du sel, du poivre, de l'origan et 1 filet d'huile d'olive. Servez en portions la crème de tomates avec 1 filet d'huile, les feuilles de basilic, accompagnée des tranches de pain à l'ail.

Á savoir

Lorsque l'ail est rôti, il perd tout son mordant et se caractérise par une certaine douceur.
Utilisez des tomates fraîches (en saison), juteuses et gorgées de soleil.
Cette crème de tomates, diluée avec un peu d'eau de cuisson des pâtes, fera une fantastique sauce tomate pour assaisonner spaghetti, tortiglioni, penne. Les tomates rôties au four donnent à la sauce une saveur très intéressante.

Soupe crémeuse du Trentin
à l'orge perlé et au speck

POUR 4 PERS. | **PRÉPARATION** 15 MIN | **CUISSON** 45 MIN

INGRÉDIENTS

- 1 pomme de terre
- 200 g d'orge perlé
- 1 branche de céleri
- 1 carotte
- 1 oignon
- 120 g de speck
- 1 l de bouillon de viande (voir p. 128)
- 15 g de beurre
- 4 cuil. à soupe d'huile d'olive extra vierge
- Quelques tiges de ciboulette
- Sel, poivre du moulin

PRÉPARATION

1 Pelez la pomme de terre.

2 Nettoyez et coupez en petits dés la carotte, le céleri en branche, la pomme de terre et le speck.

3 Épluchez et émincez l'oignon.

4 Dans une cocotte en terre (si possible) ou en fonte, faites revenir doucement l'oignon avec la moitié de l'huile et le beurre, puis ajoutez la carotte, le céleri en branche, le speck et mélangez de 3 à 4 minutes.

5 Ajoutez l'orge perlé et pour finir le bouillon de viande.

6 Portez à ébullition, puis laissez mijoter pendant 30 minutes environ.

7 Ajoutez la pomme de terre et prolongez la cuisson encore de 10 minutes.

8 Servez en portions avec de la ciboulette, du poivre et l'huile d'olive restante.

Crème de petits pois, poireaux et menthe

POUR 4 PERS. | **PRÉPARATION** 20 MIN | **CUISSON** 15 MIN

INGRÉDIENTS

- 1,2 kg de petits pois frais (ou 450 g déjà écossés)
- 200 g de blancs de poireau
- 1 oignon nouveau
- 8 feuilles de menthe
- 10 feuilles de basilic
- 50 g de parmesan fraîchement râpé
- 4 cuil. à soupe d'huile d'olive extra vierge
- Sel, poivre du moulin

PRÉPARATION

1 Pelez et émincez les blancs de poireau.

2 Écossez les petits pois. Dans une casserole, faites revenir l'oignon nouveau émincé avec 2 cuillerées à soupe d'huile d'olive.

3 Ajoutez les petits pois et mélangez pendant 2 minutes. Ajoutez 4 feuilles de menthe, 5 feuilles de basilic, recouvrez d'eau à hauteur, salez.

4 Faites mijoter pendant une dizaine de minutes jusqu'à ce que les petits pois deviennent tendres, puis passez au mixeur avec les feuilles de basilic restantes. Si besoin, rajoutez un peu d'eau bouillante. Rectifiez l'assaisonnement.

5 Servez chaud ou tiède avec le parmesan, les feuilles de menthe et l'huile restantes.

Ribollita soupe toscane de haricots et chou noir

POUR 4 PERS. | **PRÉPARATION** 30 MIN | **TREMPAGE** 1 NUIT | **CUISSON** 2 H

INGRÉDIENTS

- 200 g de haricots cocos secs (cannellini) ou de mogettes (ou 700 g de haricots cocos frais avec cosses)
- 200 g de chou palmier noir (*cavolo nero*)
- 2 pommes de terre moyennes
- 1 carotte
- 1 branche de céleri
- 1 poireau
- 2 gousses d'ail
- 2 oignons
- 1 cuil. à soupe de concentré de tomate
- 1 tige de 10 cm de romarin frais
- Thym frais
- 1,3 l de bouillon de légumes (voir p. 126) ou d'eau
- 8 tranches de pain de campagne grillé
- 10 cuil. à soupe d'huile d'olive extra vierge
- Sel, poivre du moulin

PRÉPARATION

1 La veille, faites tremper les haricots dans l'eau. Nettoyez les feuilles de chou, enlevez la côte centrale et coupez-les en morceaux. Épluchez les pommes de terre. Grattez et coupez la carotte, le céleri et les pommes de terre en petits dés. Émincez le poireau, épluchez et émincez 1 gousse d'ail et les oignons.

2 Faites revenir l'oignon et l'ail dans une cocotte à fond épais avec 2 cuillerées à soupe d'huile à feu moyen. Dès que l'oignon se colore, ajoutez les pommes de terre, la carotte, le céleri et le poireau. Ajoutez le chou, le concentré de tomate, les haricots égouttés, quelques brins de thym, le bouillon de légumes. Laissez cuire la soupe pendant 1 h 30 à couvert à feu doux.

3 Réservez 3 louches de légumes et mixez le reste. Ajoutez les légumes et continuez la cuisson encore 30 minutes. Ajoutez de l'eau si nécessaire. Faites revenir dans une petite casserole, à feu doux et pendant 5 minutes, 4 cuillerées à soupe d'huile avec la gousse d'ail entière légèrement écrasée, le romarin frais et un peu de thym. Filtrez et ajoutez à la soupe l'huile parfumée. Rectifiez l'assaisonnement. Dans une soupière, versez une couche de pain, puis la moitié de la soupe, une deuxième couche de pain et le reste de la soupe.

4 Servez en portions avec l'huile d'olive restante et du poivre du moulin.

Soupe de haricots cocos roses

POUR 4 PERS. | **PRÉPARATION** 10 MIN | **TREMPAGE** 1 NUIT | **CUISSON** 2 H

INGRÉDIENTS

- 300 g de haricots cocos roses (borlotti)
- Algue kombu (facultatif)
- 1 oignon
- 1 branche de céleri
- 1 carotte
- 1 croûte de parmesan
- 1 feuille de laurier
- 60 g de parmesan fraîchement râpé
- ½ cuil. à soupe de concentré de tomate
- Huile d'olive extra vierge
- Sel, poivre du moulin

PRÉPARATION

1 Mettez à tremper les haricots dans de l'eau pendant 1 nuit avec 1 à 2 lamelles d'algue kombu (ceci les rendra plus digestes).

2 Dans un faitout, placez les légumes nettoyés, les haricots égouttés, la feuille de laurier, le concentré de tomate, la croûte de parmesan, du sel et couvrez-les avec 90 cl d'eau.

3 Laissez cuire à couvert pendant au moins 2 heures. En fin de cuisson, les haricots doivent être tendres. Si besoin ajoutez de l'eau pendant la cuisson afin que les haricots restent couverts.

4 Prélevez la moitié des haricots ainsi que du jus de cuisson puis mixez-la afin d'obtenir une purée épaisse. Mettez cette purée dans le faitout avec le reste des haricots et mélangez.

5 Ajustez si besoin l'assaisonnement, Servez en portions avec 1 filet d'huile d'olive, du poivre et le parmesan.

Á savoir

Cette soupe est meilleure le lendemain car elle devient plus onctueuse. Elle se garde 5 jours au réfrigérateur.

Riz noir
aux tomates rôties

POUR 4 PERS. | **PRÉPARATION** 15 MIN | **CUISSON** 40 MIN ENVIRON

INGRÉDIENTS

- 250 g de riz noir italien venere
- ½ tête d'ail
- 200 g de tomates piccadilly
- 10 cuil. à soupe d'huile d'olive extra vierge
- 50 g de ricotta fumée
- 100 g d'amandes grillées avec leur peau
- 50 g de câpres dessalées
- Le zeste d'1 gros citron bio
- 50 g de feuilles de basilic + un peu pour décorer
- Sel, poivre du moulin

PRÉPARATION

1 Faites cuire le riz noir dans de l'eau bouillante salée, passez-le sous l'eau froide, égouttez et réservez.

2 Préchauffez le four à 220 °C (th. 7-8).

3 Posez sur une lèchefrite, recouverte de papier cuisson, la demi-tête d'ail et les tomates.

4 Assaisonnez avec 3 cuillerées à soupe d'huile, du sel et du poivre et enfournez pour 30 minutes environ : les tomates doivent être rôties à l'extérieur mais encore juteuses à l'intérieur.

5 Coupez la ricotta en tranches de 0,5 cm et grillez-les dans une poêle antiadhésive sans matière grasse ; puis, hors feu, assaisonnez avec 2 cuillerées à soupe d'huile et un peu de sel.

6 Réservez 1 grosse poignée de tomates et mixez le reste avec leur jus de cuisson, la demi-tête d'ail pelée, les amandes et l'huile restante.

7 Dans un saladier, mélangez le riz avec les tomates mixées, 50 g de basilic haché, le zeste du demi-citron râpé, du sel et du poivre.

8 Servez en portions et décorez avec la ricotta, les câpres, les feuilles de basilic, les tomates et le zeste de citron restant.

Minestrone

POUR	PRÉPARATION	TREMPAGE	CUISSON
4 PERS.	30 MIN	1 NUIT	40 MIN

INGRÉDIENTS

- 500 g de haricots frais écossés type borlotti (cocos roses) ou 150 g de haricots secs
- 1 oignon
- 1 gousse d'ail
- 2 poireaux
- 2 pommes de terre
- 2 carottes
- 3 petites courgettes
- 2 branches de céleri
- 100 g de mange-tout
- 150 g de petits pois frais écossés
- Thym frais
- 50 g de parmesan
- 1 croûte de parmesan
- 6 cuil. à soupe d'huile d'olive
- Sel, poivre du moulin

PRÉPARATION

1 Si vous choisissez d'utiliser des haricots secs, faites-les tremper la veille et faites-les cuire 1 heure en ayant changé l'eau.

2 Épluchez et hachez l'oignon et l'ail. Émincez les blancs de poireau.

3 Nettoyez les légumes restants et coupez-les en petits morceaux (0,5 cm environ).

4 Dans un faitout, faites revenir, dans 2 cuillerées à soupe d'huile, l'oignon, l'ail, les blancs de poireau et du thym. Puis ajoutez les carottes, le céleri, les pommes de terre, les haricots et la croûte de parmesan grattée.

5 Couvrez d'eau et faites cuire à feu doux 15 minutes, puis ajoutez les mange-tout, les petits pois, les courgettes et continuez la cuisson pendant environ 20 minutes. Si nécessaire, ajoutez de l'eau bouillante et assaisonnez avec du sel.

6 Ôtez la croûte de parmesan. Servez en portions avec 1 filet d'huile d'olive, du poivre du moulin, en parsemant de parmesan et en arrosant de l'huile d'olive restante.

Á savoir

En été, le minestrone peut être également dégusté à température ambiante et parsemé de basilic haché !

Tuto pâtes fraîches

À LA MAIN

POUR	PRÉPARATION	REPOS	CUISSON
4 PERS.	30 MIN	30 MIN	2 À 3 MIN

INGRÉDIENTS

- 400 g de farine de blé (T55)
- 4 gros œufs bio (de 70 g chacun, au moins)
- 1 cuil. à soupe d'huile d'olive qui rendra vos pâtes élastiques
- Sel fin

Á savoir

Si vous souhaitez des pâtes plus fermes, remplacez 30 % de farine de blé tendre par la même quantité de semoule de blé dur très fine.
Travaillez toujours la pâte en petites parts et laissez le reste enveloppé pour éviter qu'elle ne se dessèche.

PRÉPARATION

1 Disposez la farine sur un plan de travail assez grand, formez un puits.

2 Versez les œufs, 1 pincée de sel et l'huile. Travaillez pour former une boule. Si la pâte est trop collante, ajoutez un peu de farine, si en revanche elle est trop friable, un peu d'eau. Pétrissez une dizaine de minutes en repliant et en retournant régulièrement.

3 Quand la pâte est lisse et qu'elle a la consistance d'un lobe d'oreille, formez une boule, filmez-la pour qu'elle ne se dessèche pas.

4 Laissez reposer 30 minutes au réfrigérateur dans le bac à légumes.

5 Divisez la pâte en trois. Abaissez grossièrement chaque part avec les mains. Réglez la machine à pâtes sur le cran le plus large. Repliez la pâte en trois puis passez-la entre les rouleaux de la machine. Répétez l'opération jusqu'à obtenir un rectangle assez régulier.

6 Repliez la pâte en deux et passez-la plusieurs fois entre les rouleaux en réduisant progressivement d'un cran jusqu'à l'obtention de l'épaisseur désirée.

AU ROBOT

POUR	PRÉPARATION	REPOS	CUISSON
4 PERS.	30 MIN	30 MIN	2 À 3 MIN

INGRÉDIENTS

- 400 g de farine de blé (T55)
- 4 gros œufs bio (de 70 g chacun, au moins)
- 1 cuil. à soupe d'huile d'olive qui rendra vos pâtes élastiques
- Sel fin

À savoir

Vous pouvez congeler les pâtes de la façon suivante : déposez les nids de pâte sur un plateau doublé de papier cuisson légèrement fariné. Entreposez-les au congélateur pendant 1 heure, puis mettez les nids de pâte en sachets. Pour la cuisson des pâtes ayant été congelées, il faut compter le même temps à partir de la reprise de l'ébullition (qui mettra plus longtemps à se produire à cause de la température).

PRÉPARATION

1 Placez dans la cuve du robot la farine, les œufs et le sel.

2 Avec le crochet, travaillez la pâte jusqu'à ce qu'elle se détache des parois. Puis, suivez les étapes 3 à 6 ci-contre.

3 Desséchez légèrement les feuilles de pâte (10 minutes environ) sur un torchon saupoudré de farine.

4 Avec un long couteau bien aiguisé, coupez la pâte roulée en tronçons de 5 mm pour les tagliolini, 1 cm pour les tagliatelle, 1,3 cm pour les pappardelle.

5 Posez sur un torchon les tagliolini, tagliatelle ou pappardelle en nid et saupoudrez d'un peu de farine.

6 Pour des lasagnes, vous pouvez couper des rectangles de 12 x 20 cm, à adapter en fonction des plats utilisés.

7 Pour le temps de cuisson, comptez 2 à 3 minutes après la reprise de l'ébullition. Elles doivent être *al dente*.

Spaghettoni
alla carbonara

POUR 4 PERS. | **PRÉPARATION** 20 MIN | **CUISSON** 20 MIN

INGRÉDIENTS

- 150 g de guanciale (joue de porc séchée) ou de pancetta ou de la bonne poitrine artisanale
- 2 gros œufs + 1 jaune
- 50 g de parmesan fraîchement râpé
- 50 g de pecorino (fromage de brebis vieilli) fraîchement râpé
- 320 g de spaghettoni ou spaghetti ou encore de tortiglioni
- Gros sel
- Poivre fraîchement moulu

PRÉPARATION

1 Coupez le guanciale en lamelles et faites-les rissoler. Éliminez la plupart de la graisse et réservez au chaud.

2 Pendant ce temps, cassez les œufs dans un saladier, ajoutez le jaune d'œuf, 30 g de parmesan, 30 g de pecorino et quelques tours de moulin à poivre. À l'aide d'une fourchette, battez la préparation et réservez.

3 Faites cuire les spaghettoni dans un grand volume d'eau salée en suivant les instructions indiquées sur le paquet mais en retirant 2 minutes au temps préconisé. Réservez 3 cuillerées de guanciale. Égouttez les pâtes, puis faites-les sauter dans la poêle avec le guanciale restant en ajoutant 1 petite louche de cuisson des pâtes.

4 Transférez les pâtes dans un saladier, ajoutez la préparation aux œufs en mélangeant rapidement et en ajoutant, si nécessaire, 1 petite louche d'eau de cuisson. Servez la carbonara en portions, parsemez du guanciale réservé, de pecorino et de parmesan restants, poivrez en abondance et servez sans tarder.

Á savoir

Nul besoin de crème dans cette recette romaine. Les œufs et les fromages la rendront crémeuse à souhait !

Bucatini sauce amatriciana

POUR 4 PERS. | **PRÉPARATION** 10 MIN | **CUISSON** 20 MIN

INGRÉDIENTS

- 100 g de guanciale (joue de porc séchée) ou de pancetta
- 1 petit piment
- 1 boîte de 400 g environ de tomates pelées de qualité
- 320 g de bucatini (ou spaghetti, spaghettoni ou rigatoni)
- 40 g de pecorino romano (fromage de brebis vieilli)
- Gros sel
- Sel

PRÉPARATION

1 Faites chauffer un grand volume d'eau salée dans une casserole.

2 Coupez le guanciale en lamelles et faites-les rissoler dans une poêle. Gardez la moitié de la graisse qui vous servira à la prochaine étape. Réservez quelques lardons de guanciale (un tiers environ) au chaud pour décorer au moment du service.

3 Dans la même poêle, faites cuire à feu moyen les graines du piment, les tomates pelées et écrasées avec une fourchette et le reste du guanciale pendant 10 minutes.

4 Faites cuire les bucatini dans un grand volume d'eau salée en suivant les instructions inscrites sur le paquet.

5 Égouttez les pâtes, versez-les dans un saladier, ajoutez la sauce et le pecorino (gardez-en un peu pour le service).

6 Servez les pâtes en portions. Parsemez d'un peu de pecorino et de guanciale réservés. Dégustez sans tarder.

Linguine aux tomates cerises, pistou d'amandes, menthe et câpres

POUR 4 PERS. | **PRÉPARATION** 10 MIN | **CUISSON** 10 MIN ENVIRON

INGRÉDIENTS

- 2 grosses tomates mûres
- Quelques feuilles de menthe
- Quelques branches de persil plat frais
- 40 g d'amandes émondées
- 30 g de câpres au sel dessalées
- 2 gousses d'ail dégermées et pelées
- 6 cuil. à soupe d'huile d'olive extra vierge
- 320 g de linguine ou spaghetti
- 250 g de tomates cerises
- Sel, poivre du moulin

PRÉPARATION

1 Entaillez les 2 tomates en croix avec un couteau, plongez-les dans une casserole d'eau bouillante pendant 1 minute.

2 Égouttez-les, pelez-les et mixez-les avec les feuilles de menthe et de persil, les amandes, les câpres, 1 gousse d'ail, 1 petite pincée de sel et 4 cuillerées à soupe d'huile.

3 Lavez les tomates cerises, coupez-les en deux et faites-les revenir à feu moyen pendant 1 minute environ dans une poêle avec l'ail et l'huile restants. Faites cuire les linguine *al dente* dans une casserole avec un grand volume d'eau salée.

4 Égouttez les pâtes, mélangez-les avec le pistou et les tomates cerises, poivrez et servez sans tarder.

Fusilli à la mode de Trapani

POUR 4 PERS. | **PRÉPARATION** 10 MIN | **CUISSON** 10 MIN ENVIRON

INGRÉDIENTS

- 320 g de fusilli ou casarecce
- 400 g de tomates cerises ou cœur-de-pigeon
- 60 g d'amandes émondées
- 1 bouquet de basilic
- 5 cuil. à soupe d'huile d'olive extra vierge
- 1 gousse d'ail pelée et dégermée
- Sel
- Gros sel

PRÉPARATION

1 Faites cuire les fusilli *al dente* dans une casserole avec un grand volume d'eau salée.

2 Pendant ce temps, coupez en deux les tomates.

3 Dans le bol du mixeur, mixez par à-coups l'ail, les tomates, les amandes, les feuilles de basilic, l'huile et 1 pincée de sel. Vous devez obtenir un mélange un peu aqueux et avec quelques petits morceaux.

4 Égouttez les fusilli, mélangez avec le pistou et servez sans tarder.

Á savoir

C'est une recette sicilienne très simple et parfumée. Si vous le souhaitez, vous pouvez ajouter quelques feuilles de menthe.

Lasagnes aux asperges vertes

POUR 4 PERS. | **PRÉPARATION** 30 MIN | **CUISSON** 40 MIN

INGRÉDIENTS

- 600 g d'asperges vertes
- 8 feuilles de lasagne aux œufs
- 1 échalote pelée et émincée
- 3 cuil. à soupe d'huile d'olive extra vierge
- 1 botte de persil plat
- 40 g de fécule + un peu pour le moule
- 40 g de fécule de maïs (Maïzena®)
- 60 cl de lait frais entier
- 1 pincée de noix de muscade fraîchement râpée
- 100 g de pecorino romano (ou de parmesan) fraîchement râpé
- Sel, poivre du moulin

PRÉPARATION

1 Épluchez les asperges, enlevez la partie fibreuse et coupez-les en rondelles de 0,5 cm. Faites bouillir les pointes entières dans une casserole pendant 2 minutes. Égouttez et réservez. Faites précuire les lasagnes en les plongeant 2 minutes dans une casserole d'eau bouillante salée (pas plus de 3 à 4 lasagnes à la fois car elles risquent de se coller), puis dans un grand saladier d'eau froide pour arrêter la cuisson. Égouttez-les et étalez-les sur un torchon propre et humide.

2 Faites revenir doucement l'échalote avec l'huile, les asperges, les feuilles de persil, du poivre et du sel 7 à 10 minutes. Éteignez le feu et laissez refroidir. Préchauffez le four à 200 °C (th. 6-7). Faites fondre le beurre dans une casserole. Hors du feu, ajoutez la farine et mélangez afin de bien l'incorporer. Remettez sur le feu. Quand le mélange se colore, versez le lait peu à peu, toujours en remuant pour éviter la formation de grumeaux. Faites cuire 10 minutes à feu doux. Salez, poivrez, ajoutez la pincée de noix de muscade et réservez.

3 Beurrez un plat à gratin, faites 4 couches : lasagnes, asperges, béchamel et pecorino. Terminez par 1 couche de pâtes, de béchamel (couvrez toutes les lasagnes afin qu'elles ne se dessèchent pas), les pointes d'asperges et le pecorino. Enfournez pour 30 minutes environ afin que le dessus soit légèrement doré.

Lasagnes au radicchio de Trévise

POUR 4 PERS. | **PRÉPARATION** 1 H | **CUISSON** 40 MIN

INGRÉDIENTS

- 600 g de trévise tardive (radicchio de Trévise)
- 1 échalote
- 3 cuil. à soupe d'huile d'olive extra vierge
- 1 verre de vin rouge
- 8 feuilles de lasagne aux œufs
- 40 g de beurre + un peu pour le moule
- 60 cl de lait frais entier
- 40 g de fécule de maïs (Maïzena®)
- 1 pincée de noix de muscade fraîchement râpée
- 80 g de parmesan fraîchement râpé
- Sel, poivre du moulin

PRÉPARATION

1 Coupez la trévise en quatre dans la longueur, lavez et essorez-la, puis coupez-la en morceaux de 2 cm. Épluchez et émincez l'échalote et faites-la revenir doucement avec l'huile, ajoutez la trévise, remuez pendant quelques minutes, puis versez le vin rouge que vous laissez s'évaporer. Laissez cuire encore 3 minutes, puis salez et poivrez.

2 Faites précuire les lasagnes en les plongeant 2 minutes dans une casserole d'eau bouillante salée (pas plus de 3 à 4 lasagnes à la fois car elles risquent de se coller), puis dans un grand saladier d'eau froide pour arrêter la cuisson. Égouttez-les et étalez-les sur un torchon propre et humide.

3 Préchauffez le four à 200 °C (th. 6-7). Faites fondre le beurre dans une casserole. Hors du feu, ajoutez la farine et mélangez afin de bien l'incorporer. Remettez sur le feu. Quand le mélange se colore, versez le lait peu à peu, toujours en remuant pour éviter la formation des grumeaux. Faites cuire 10 minutes à feu doux. Salez, poivrez, ajoutez la pincée de noix de muscade et réservez.

4 Beurrez un plat à gratin, faites 4 couches : lasagnes, trévise, béchamel et parmesan. Terminez par 1 couche de pâtes, de béchamel (couvrez toutes les lasagnes afin qu'elles ne se dessèchent pas) et de parmesan. Enfournez pour 30 minutes environ afin que le dessus soit légèrement doré.

À savoir

La trévise est une variété de chicorée. Précoce ou tardive, elle se cultive au nord de la Vénétie et bénéficie d'une IGP (indication géographique protégée) depuis 2004. À ne pas confondre avec la boule rouge, le radicchio di Chioggia (appelé par erreur Trévise), qui est plus amère. On ne la trouve qu'entre octobre et mars.

Lasagnes à la bolognaise

POUR 4 PERS. | **PRÉPARATION** 1 H | **CUISSON** 2 H 30

INGRÉDIENTS

- 8 feuilles de lasagne aux œufs
- 40 g de beurre + un peu pour le moule
- 40 g de fécule de maïs (Maïzena®)
- 60 cl de lait frais entier
- 1 pincée de noix de muscade fraîchement râpée
- 80 g de parmesan fraîchement râpé
- Sel, poivre du moulin

Pour la sauce

- 15 g de cèpes séchés
- 1 branche de céleri
- 1 carotte
- 1 petit oignon
- 2 cuil. d'huile d'olive extra vierge
- 40 g de beurre
- 200 g de bœuf haché

PRÉPARATION

1 Préparez la sauce : réhydratez les cèpes séchés dans un bol d'eau chaude. Hachez le céleri, la carotte grattée et l'oignon et faites-les revenir dans l'huile et le beurre. Ajoutez les viandes hachées et faites-les dorer uniformément. Pendant ce temps, égouttez les cèpes et hachez-les grossièrement.

2 Quand la viande est colorée, ajoutez le vin, laissez-le s'évaporer, ajoutez la pulpe de tomate, le clou de girofle, la feuille de laurier, le zeste de citron, les cèpes, du sel et du poivre. Portez à ébullition, baissez le feu et laissez mijoter à feu très doux pendant 2 heures au moins.

3 Faites précuire les lasagnes en les plongeant 2 minutes dans une casserole d'eau bouillante salée (pas plus de 3 à 4 lasagnes à la fois car elles risquent de se coller), puis dans un grand saladier d'eau froide pour arrêter la cuisson. Égouttez-les et étalez-les sur un torchon propre et humide.

4 Préchauffez le four à 200 °C (th. 6-7). Faites fondre le beurre dans une casserole. Hors du feu, ajoutez la farine et mélangez afin de bien l'incorporer. Remettez sur le feu. Quand le mélange se colore, versez le lait peu à peu, toujours en remuant pour éviter la formation de grumeaux. Laissez cuire 10 minutes à feu doux. Salez, poivrez, ajoutez la pincée de noix de muscade et réservez.

200 g de porc haché
(ou 400 g de bœuf haché)

1 verre de vin rouge

400 g de pulpes de tomates
en boîte

1 clou de girofle

1 feuille de laurier

3 cm de zeste de citron
non traité

Sel, poivre du moulin

5 Beurrez un plat à gratin, faites 4 couches : lasagnes, viande, béchamel et parmesan. Terminez par 1 couche de pâtes, de béchamel (couvrez toutes les lasagnes afin qu'elles ne se dessèchent pas) et de parmesan. Enfournez pour 30 minutes environ afin que le dessus soit légèrement doré.

Tagliatelle à la bolognaise

POUR 4 PERS. | **PRÉPARATION** 30 MIN | **CUISSON** 2 H

INGRÉDIENTS

300 g de tagliatelle fraîches

4 cuil. à soupe de parmesan fraîchement râpé

Pour la sauce

voir quantités et recette p. 110

PRÉPARATION

1 Préparez la sauce de la même façon que pour les lasagnes (voir p. 110) mais avec 500 g de pulpe de tomates.

2 Dans une grande casserole, portez à ébullition 4 litres d'eau, salez et faites cuire les tagliatelle *al dente*.

3 Égouttez-les, assaisonnez-les avec la bolognaise, ajoutez le parmesan, mélangez et servez.

Spaghetti aux anchois
et au beurre

POUR 4 PERS. | **PRÉPARATION** 10 MIN | **CUISSON** 10 MIN

INGRÉDIENTS

- 150 g de beurre au lait cru (si possible)
- 50 g de filets d'anchois à l'huile, de qualité
- 320 g de spaghetti
- Le zeste de 2 citrons bio râpé

PRÉPARATION

1 Dans une poêle, faites fondre à feu doux le beurre et les anchois.

2 Pendant ce temps, faites cuire les spaghetti dans un grand volume d'eau salée portée à ébullition et égouttez-les 2 minutes avant le temps indiqué sur le paquet (pensez à réserver de l'eau de cuisson).

3 Versez les spaghetti dans le beurre aux anchois et terminez la cuisson avec un peu d'eau de cuisson des pâtes. Ajoutez le zeste d'1 citron et mélangez.

4 Servez en parsemant sur chaque portion du zeste de citron restant et dégustez sans tarder.

Tortiglioni saucisses, champignons et béchamel

POUR 4 PERS. | **PRÉPARATION** 10 MIN | **CUISSON** 50 MIN

INGRÉDIENTS

- 50 g de beurre + un peu pour le moule
- 40 g de fécule de maïs (Maïzena®)
- 50 cl de lait
- 1 pincée de muscade fraîchement râpée
- 1 gousse d'ail pelée et dégermée
- 2 cuil. à soupe d'huile d'olive extra vierge
- 2 tiges de 10 cm environ de romarin frais
- 400 g de champignons mixtes (cèpes, girolles, trompettes-de-la-mort) nettoyés
- ½ verre de vin rouge
- 200 g de saucisses
- 320 g de tortiglioni (ou pipe rigate ou penne)
- 200 g de scamorza fumée coupée en petits dés
- 40 g de parmesan fraîchement râpé
- Sel, poivre du moulin

PRÉPARATION

1 Faites fondre le beurre dans une casserole. Hors du feu, ajoutez la fécule et mélangez afin de bien l'incorporer. Remettez sur le feu. Quand le mélange se colore, versez le lait graduellement en remuant pour éviter les grumeaux. Faites cuire 10 minutes à feu doux. Salez, poivrez, ajoutez la muscade ; réservez.

2 Dans une poêle, faites revenir l'ail écrasé, à feu doux sans le colorer, avec l'huile et le romarin. Ajoutez les champignons coupés en morceaux et mélangez. Laissez cuire à couvert pendant 10 minutes environ. Enlevez le couvercle et continuez la cuisson 5 minutes de façon à faire évaporer le liquide.

3 Pelez les saucisses, coupez-les en morceaux et faites-les revenir dans une poêle antiadhésive pendant 5 minutes environ. Ajoutez le vin rouge, que vous laisserez s'évaporer, puis ajoutez la saucisse aux champignons. Ôtez l'ail et le romarin, éteignez le feu et réservez.

4 Préchauffez le four à 210 °C (th. 7).

5 Mettez les tortiglioni à cuire à l'eau bouillante salée pendant 5 minutes, puis égouttez-les et mélangez-les à la saucisse et aux champignons. Ajoutez la scamorza. Beurrez un plat à gratin, mettez les tortiglioni, versez la béchamel, saupoudrez de parmesan et faites cuire au four 20 minutes environ, afin que le dessus soit légèrement coloré.

Spaghetti alla Norma

spaghetti aux aubergines, tomates et ricotta

POUR	PRÉPARATION	REPOS	CUISSON
4 PERS.	30 MIN	30 MIN	30 MIN

INGRÉDIENTS

- 400 g d'aubergines
- 1 l d'huile d'olive
- 320 g de spaghetti
- 1 gousse d'ail pelée et dégermée
- 400 g de tomates en boîte concassées (ou fraîches en saison, bien mûres)
- 1 gros bouquet de basilic
- 120 g de ricotta dure salée râpée
- Quelques gouttes de jus de citron
- 2 cuil. à soupe d'huile d'olive extra vierge
- Sel, poivre du moulin
- Gros sel

PRÉPARATION

1 Coupez les aubergines en tranches fines (3 à 4 mm), puis posez-les dans un égouttoir en couches en parsemant chaque couche avec du gros sel. Posez un poids dessus et laissez dégorger 30 minutes.

2 Lavez les aubergines et séchez-les très soigneusement. Chauffez l'huile d'olive à 170 °C dans un faitout. Plongez les aubergines dans le bain de friture jusqu'à ce qu'elles soient bien dorées, puis égouttez-les et posez-les sur du papier absorbant. Salez légèrement.

3 Coupez les aubergines en deux ou trois selon le diamètre de la tranche.

4 Faites cuire les tomates pelées avec la gousse d'ail écrasée, l'huile d'olive et la moitié du basilic pendant 15 minutes environ. Ôtez l'ail et mixez la sauce avec le basilic restant pour la rendre lisse.

5 Faites cuire les spaghetti *al dente*, égouttez-les 2 minutes avant le temps indiqué sur le paquet, puis ajoutez-les à la sauce avec 1 petite louche d'eau de cuisson et mélangez délicatement. Servez en portions en ajoutant les aubergines, la ricotta et quelques feuilles de basilic.

À savoir

Plus les aubergines seront sèches, moins elles absorberont d'huile lors de la cuisson.

Fregola sarde à l'encre
de seiches, palourdes et moules

POUR 4 PERS. | **PRÉPARATION** 30 MIN | **CUISSON** 30 MIN

INGRÉDIENTS

- 500 g de seiches nettoyées
- 1 kg de palourdes ou de coques dégorgées (voir p. 138)
- 1 kg de moules
- 1 bouquet de persil plat
- 8 cuil. à soupe d'huile d'olive extra vierge
- 3 gousses d'ail
- 320 g de fregola sarde (en épicerie italienne ou sur internet, voir p. 320)
- 1 verre de vin blanc sec
- 1 l environ de bouillon de poisson ou de légumes (voir p. 126 et 130), ou d'eau salée
- Sel, poivre du moulin

PRÉPARATION

1 Demandez à votre poissonnier de nettoyer les seiches en gardant leur poche d'encre.

2 Faites ouvrir les coques et les moules nettoyées dans une poêle avec 3 brins de persil, 3 cuillerées à soupe d'huile et 2 gousses d'ail légèrement écrasées.

3 Ajoutez le vin et laissez-le s'évaporer. Couvrez. Les coquillages doivent s'ouvrir complètement. Retirez du feu dès qu'ils sont ouverts et filtrez leur jus. Réservez les coquillages et leur jus au chaud.

4 Retirez les mollusques de leurs coquilles, sauf une vingtaine pour décorer.

5 Hachez les feuilles de persil. Coupez les seiches en lanières.

6 Dans une cocotte à fond épais, faites cuire doucement l'ail restant émincé sans le colorer avec 2 cuillerées à soupe d'huile.

7 Ajoutez les seiches, le persil et remuez. Ajoutez les fregola, les coquillages et l'encre.

8 Versez le bouillon progressivement en remuant comme pour un risotto de 12 à 14 minutes.

9 Quand la préparation est prête (elle doit avoir une texture fluide), salez, poivrez, ajoutez 1 filet d'huile d'olive et servez.

Á savoir

La fregola est un type de pâte sarde. Elle est confectionnée avec du blé dur et de l'eau. Pendant l'étape de séchage, la fregola est toastée au four, ce qui lui donne son goût torréfié.

Spaghetti à la chapelure
et aux anchois comme en Sicile

POUR 4 PERS. | **PRÉPARATION** 20 MIN | **CUISSON** 10 MIN

INGRÉDIENTS

- 320 g de spaghetti
- 250 g de chapelure maison fine, à base de mie de pain
- 2 pincées d'origan sec de qualité
- Le zeste d'1 citron bio râpé
- 50 g de filets d'anchois à l'huile
- 2 gousses d'ail pelées
- 4 cuil. à soupe d'huile d'olive extra vierge

PRÉPARATION

1 Faites cuire les spaghetti en suivant les instructions notées sur le paquet, dans une casserole avec un grand volume d'eau salée.

2 Pendant ce temps, torréfiez dans une poêle antiadhésive la chapelure et l'origan avec 2 cuillerées à soupe d'huile d'olive et le zeste de citron jusqu'à les rendre croquants. Éteignez le feu et réservez.

3 Dans la même poêle, faites fondre les anchois avec leur huile et l'ail entier. Ajoutez 2 cuillerées à soupe d'eau de cuisson.

4 Égouttez les spaghetti, versez-les dans la poêle, puis ajoutez l'huile d'olive restante. Mélangez.

5 Servez sans tarder, parsemé de la chapelure et du zeste de citron torréfiés.

Tuto risotto

Cinq points sont essentiels pour réussir un risotto :

- une casserole adaptée
- le riz adapté
- ce qu'on appelle la *tostatura*
- le bouillon
- ce qu'on appelle la *mantecatura*

Le matériel idéal est en cuivre, car il est un excellent conducteur de chaleur, mais une casserole à fond épais fera également l'affaire.

Le riz : carnaroli, arborio, vialone nano. Le carnaroli, c'est la Rolls des riz, celui qui tient le mieux la cuisson et qui vous fera plus facilement réussir votre risotto. Arborio et vialone nano sont d'excellents riz également, mais leur cuisson est moins facile à maîtriser par des débutants.

La *tostatura* : ou « torréfaction », permet d'obtenir un risotto *al dente* et onctueux. Cela crée une sorte de « chemise » autour du grain de riz qui lui donne arôme et goût caractéristiques. Elle garantit aussi une meilleure tenue de la cuisson, car le riz libère progressivement l'amidon pour obtenir un risotto crémeux.

Le bouillon : Qu'il soit de légumes, de viande ou de poisson, l'idéal c'est le bouillon fait maison. Vous pouvez en cuisiner à l'avance et le conserver en cubes dans des bacs à glaçons au congélateur.

Ne rajoutez pas trop de bouillon en fin de cuisson du risotto (vous serez toujours en mesure d'en rajouter après si besoin).

La *mantecatura* : c'est la dernière étape avant le service du risotto. Il s'agit de mélanger les différents composants de la recette entre eux en ajoutant de la matière grasse (huile ou beurre et parmesan). Effectuez la *mantecatura* quand le riz est encore *al dente* car il continue de cuire hors du feu.

Le beurre devra être bien froid (vous pouvez carrément le mettre au congélateur 15 minutes avant de l'utiliser) car le choc thermique rend le risotto plus crémeux et *all'onda*, c'est-à-dire « comme une vague ».

LES ÉTAPES

1 Dans une cocotte à fond épais, faites cuire doucement 1 échalote pelée et émincée sans la colorer avec 2 cuillerées à soupe d'huile ou 30 g de beurre.

2 Ajoutez le riz, mélangez et laissez cuire à feu moyen jusqu'à ce qu'il devienne translucide (1 à 2 minutes). Mouillez avec ½ verre de vin que vous laisserez s'évaporer.

3 Ajoutez 1 louche de bouillon (voir p. 126). Continuez la cuisson en rajoutant 1 louche de bouillon dès que le liquide a été absorbé par le riz. Le riz doit toujours être couvert de bouillon frémissant à hauteur et doit être mélangé continuellement pour permettre aux grains de riz de libérer l'amidon et rendre ainsi le risotto crémeux.

4 Renouvelez cette opération pendant 15 minutes environ, toujours en mélangeant et en ne rajoutant pas plus d'1 louche de bouillon à la fois. Le risotto doit être plutôt fluide.

5 En cours de cuisson, intégrez les autres ingrédients (légumes, viande, poisson).

6 Éteignez le feu, vérifiez l'assaisonnement, ajoutez le beurre, le parmesan râpé et mélangez.

7 Couvrez pendant 2 minutes, servez immédiatement en portions avec du poivre du moulin.

8 Il est très important de servir le risotto chaud sans attendre car il continue à cuire dans la casserole et devient plâtreux.

Bouillon de légumes
pour le risotto

POUR 4 PERS. | **PRÉPARATION** 10 MIN | **CUISSON** 1 H ENVIRON

INGRÉDIENTS

- 2 l d'eau
- 3 carottes épluchées
- 2 poireaux
- 1 navet
- 1 oignon épluché
- 2 branches de céleri
- 1 gousse d'ail pelée et écrasée
- 1 bouquet garni et quelques grains de poivre

PRÉPARATION

1 Nettoyez les légumes.

2 Versez les légumes et l'eau dans un faitout avec le bouquet garni et le poivre. Portez à ébullition. Laissez frémir 1 heure environ.

3 Retirez les ingrédients, puis filtrez le bouillon à l'aide d'un chinois ou d'un torchon propre.

Bouillon de bœuf

POUR 4 PERS. | **PRÉPARATION** 15 MIN | **CUISSON** 3 H

INGRÉDIENTS

- 3 l d'eau
- 1 kg de plat de côtes de bœuf
- 1 os à moelle
- 20 g de gros sel
- 3 g de poivre en grains
- 2 carottes
- 1 oignon piqué d'1 clou de girofle
- 1 branche de céleri
- 1 bouquet garni

PRÉPARATION

1 Mettez les légumes épluchés, le bœuf et le bouquet garni dans un faitout avec l'eau. L'eau doit chauffer lentement. À la première ébullition, écumez et réduisez le feu au minimum.

2 Faites mijoter doucement pendant environ 2 heures, sans couvrir totalement le faitout.

3 Retirez les ingrédients et filtrez le bouillon à l'aide d'un chinois (passoire à maillage fin qui permet de filtrer sauces et bouillons), ou à l'aide un torchon propre (attention ! il ne doit pas sentir la lessive) ou encore avec une feuille d'essuie-tout.

4 Réservez au frais.

Conseil

Pour dégraisser facilement le bouillon, laissez-le au réfrigérateur pendant quelques heures, puis écumez.

Bouillon de poisson

POUR 4 PERS. | **PRÉPARATION** 10 MIN | **CUISSON** 40 MIN

INGRÉDIENTS

- 2 l d'eau
- 800 g de têtes et arêtes de poissons : rouget, merlu, raie, limande
- 1 carotte
- 1 branche de céleri
- 1 petit oignon
- 1 verre de vin blanc
- 1 feuille de laurier
- ½ cuil. à café de poivre en grains

PRÉPARATION

1 Nettoyez et épluchez les légumes et rincez soigneusement le poisson.

2 Versez les carcasses de poisson, les légumes, le vin blanc, le poivre, le laurier et l'eau froide dans un faitout.

3 Portez à ébullition, puis baissez le feu et faites mijoter, récipient couvert, pendant environ 40 minutes.

4 Retirez les ingrédients, puis filtrez le bouillon à l'aide d'un chinois ou d'un torchon propre.

Conseil

Vous pouvez congeler le bouillon en portions, par exemple dans un bac à glaçons et le garder au congélateur. Ainsi, il sera prêt quand vous en aurez besoin.

Risotto à la milanaise

POUR 4 PERS. | **PRÉPARATION** 20 MIN | **CUISSON** 30 MIN

INGRÉDIENTS

- 320 g de riz carnaroli ou arborio
- ½ oignon
- 2 os à moelle
- 1,5 l de bouillon frémissant (voir p. 126)
- 1 cuil. à café de pistils de safran ou 1 dose de safran
- 70 g de beurre
- 1 feuille de laurier
- ½ verre de vin blanc sec
- 60 g de parmesan râpé
- Sel, poivre du moulin

À savoir

Ce risotto accompagne traditionnellement l'osso-buco (recette p. 160) en plat unique.

PRÉPARATION

1 Faites cuire les os à moelle 5 minutes dans une casserole d'eau bouillante, puis retirez la moelle et coupez-la en morceaux.

2 Pelez et hachez l'oignon. Faites-le revenir doucement avec 20 g de beurre et la moelle dans une cocotte à fond épais.

3 Ajoutez le riz, mélangez et laissez cuire à feu moyen jusqu'à ce qu'il devienne translucide (1 à 2 minutes). Mouillez avec le vin que vous laisserez s'évaporer.

4 Ajoutez 1 louche de bouillon dans lequel vous aurez dilué le safran. Mélangez jusqu'à ce qu'elle ait été absorbée par le riz. Renouvelez cette opération pendant environ 15 minutes, toujours en mélangeant et en ne rajoutant pas plus d'1 louche de bouillon à la fois.

5 Éteignez le feu, vérifiez l'assaisonnement, ajoutez le reste du beurre, le parmesan et mélangez. Couvrez pendant 1 à 2 minutes, au terme desquelles vous mélangerez et servirez aussitôt.

Risotto aux artichauts
poivrade et fromage pecorino

POUR 4 PERS. | **PRÉPARATION** 30 MIN | **CUISSON** 30 MIN

INGRÉDIENTS

- 320 g de riz carnaroli ou arborio
- 8 artichauts poivrade
- 1 échalote
- 1 botte de persil plat haché
- 1,5 l de bouillon de légumes frémissant (voir p. 126)
- 2 cuil. à soupe d'huile extra vierge
- Le jus d'1 citron
- 40 g de beurre
- 60 g de pecorino romano
- ½ verre de vin blanc sec
- Sel, poivre du moulin

À savoir

Vous pouvez réaliser le bouillon de légumes avec les parures des artichauts.

PRÉPARATION

1 Préparez les artichauts : éliminez les feuilles externes et la queue, coupez environ 2 cm de pointes. Coupez les artichauts en deux dans la longueur afin de retirer le foin à l'aide d'une petite cuillère, puis émincez-les. Conservez-les dans de l'eau additionnée de jus de citron afin qu'ils ne noircissent pas.

2 Faites cuire doucement l'échalote émincée sans la colorer avec l'huile dans une cocotte à fond épais. Ajoutez le riz, mélangez et laissez cuire à feu moyen jusqu'à ce qu'il devienne translucide (1 à 2 minutes). Mouillez avec le vin que vous laisserez s'évaporer.

3 Ajoutez 1 louche de bouillon et mélangez jusqu'à ce que le liquide soit absorbé par le riz. Renouvelez cette opération pendant environ 15 minutes, toujours en mélangeant et en ne rajoutant pas plus d'1 louche de bouillon à la fois.

4 À la moitié de la cuisson, intégrez les artichauts émincés. Éteignez le feu, ajoutez le persil haché, mélangez, puis le beurre et le pecorino, puis vérifiez l'assaisonnement. Mélangez de nouveau. Couvrez pendant 2 minutes au terme desquelles vous mélangerez à nouveau. Servez en portions.

Risotto au vin rouge
et au guanciale

POUR 4 PERS. | **PRÉPARATION** 20 MIN | **CUISSON** 30 MIN

INGRÉDIENTS

- 320 g de riz carnaroli ou arborio
- ½ l de vin rouge corsé
- ½ l environ de bouillon de bœuf frémissant (voir p. 128)
- 150 g de guanciale, de pancetta ou de lard fermier
- 400 g d'oignons
- 1 gousse d'ail pelée et dégermée
- 1 bâton de cannelle
- 1 clou de girofle
- 1 feuille de laurier
- 50 g de parmesan fraîchement râpé
- Sel, poivre du moulin

PRÉPARATION

1 Pelez les oignons, coupez-en 120 g en petits dés et hachez le reste avec l'ail.

2 Faites bouillir le vin avec le laurier, le clou de girofle, la cannelle et les dés d'oignon jusqu'à réduction de moitié. Éteignez le feu, enlevez la cannelle, le laurier et le clou de girofle, réservez au chaud.

3 Coupez le guanciale en dés et faites-le revenir à feu doux dans une casserole à fond épais, jusqu'à ce que le gras soit fondu.

4 Ôtez les lardons devenus croquants et mettez les oignons et l'ail hachés. Faites cuire doucement sans les colorer. Ajoutez le riz, mélangez et laissez cuire à feu moyen jusqu'à ce qu'il devienne translucide (1 à 2 minutes). Mouillez avec 1 louche de vin rouge et mélangez jusqu'à ce qu'elle ait été absorbée par le riz. Renouvelez cette opération pendant environ 15 minutes, toujours en mélangeant et en ne rajoutant pas plus d'1 louche de vin, puis de bouillon (une fois le vin terminé) à la fois.

5 Éteignez le feu, vérifiez l'assaisonnement, ajoutez le parmesan, les lardons, du poivre du moulin et mélangez. Couvrez pendant 2 minutes au terme desquelles vous mélangerez à nouveau et servirez aussitôt.

Á savoir

Le guanciale est un morceau de viande séchée. C'est la joue et la bajoue du cochon assaisonnées avec du poivre et des herbes aromatiques.

Risotto aux coques

POUR	PRÉPARATION	REPOS	CUISSON
4 PERS.	15 MIN	1 H	30 MIN ENVIRON

INGRÉDIENTS

- 320 g de riz arborio ou carnaroli
- 1 kg de coques
- 1,5 l de fumet de poisson ou de bouillon de légumes (le résultat sera moins savoureux) (voir p. 130 et 126)
- 1 petite carotte
- ½ branche de céleri
- ½ oignon de petite taille
- 1 gousse d'ail pelée et dégermée
- 1 petite poignée de cèpes séchés
- 1 bouquet de persil plat
- 15 g de parmesan fraîchement râpé
- 20 g de beurre froid
- 7 cuil. à soupe d'huile d'olive extra vierge
- Sel, poivre du moulin

PRÉPARATION

1 Mettez les coques à dégorger dans de l'eau salée pour leur faire perdre leur sable pendant au moins 1 heure. Changez l'eau plusieurs fois.

2 Réhydratez les cèpes dans un bol d'eau chaude. Dans une large poêle, faites ouvrir les coques avec 4 cuillerées à soupe d'huile et quelques tiges de persil. Couvrez et laissez les coques s'ouvrir complètement. Retirez du feu dès qu'elles sont ouvertes.

3 Détachez les mollusques, réservez-les dans leur eau de cuisson filtrée pour qu'ils ne se dessèchent pas. Hachez les feuilles de persil, la carotte grattée, les cèpes égouttés, le céleri et l'ail et faites-les revenir dans l'huile d'olive restante.

4 Ajoutez le riz, mélangez et laissez cuire à feu moyen jusqu'à ce qu'il devienne translucide (1 à 2 minutes). Ajoutez 1 louche de fumet de poisson, les coques et mélangez jusqu'à ce que le liquide ait été absorbé par le riz. Renouvelez cette opération pendant 15 minutes, toujours en mélangeant et en ne rajoutant pas plus d'1 louche de fumet de poisson à la fois.

5 Éteignez le feu, vérifiez l'assaisonnement (attention, les coques sont naturellement salées !), ajoutez le beurre, le parmesan râpé et mélangez. Couvrez pendant 2 minutes, mélangez à nouveau et servez aussitôt.

Risotto aux foies
de volaille et marsala

POUR 4 PERS. | **PRÉPARATION** 15 MIN | **CUISSON** 30 MIN ENVIRON

INGRÉDIENTS

- 320 g de riz carnaroli ou arborio
- 250 g de foies de volaille
- 1 branche de céleri
- ½ carotte
- 1 petit oignon
- 1 échalote épluchée
- 1 cuil. à soupe de concentré de tomate
- 1,5 l de bouillon de viande frémissant (voir p. 128)
- ½ verre de marsala ou porto
- 1 verre de vin blanc sec
- 60 g de parmesan
- 50 g de beurre froid
- 6 cuil. à soupe d'huile l'olive extra vierge
- Sel, poivre du moulin

PRÉPARATION

1 Enlevez les parties grasses des foies et coupez-les en morceaux.

2 Nettoyez et pelez les légumes, hachez-les (sauf l'échalote) et faites-les revenir dans 4 cuillerées à soupe d'huile d'olive. Ajoutez les abats, mouillez avec le marsala, laissez-le s'évaporer, salez et poivrez. Ajoutez le concentré de tomate dilué dans 2 cuillerées d'eau, couvrez et laissez cuire à feu très doux pendant 5 minutes. Éteignez le feu et hachez grossièrement au couteau les foies.

3 Dans une cocotte à fond épais, faites cuire doucement l'échalote émincée sans la colorer avec l'huile restante. Ajoutez le riz, mélangez et laissez cuire à feu moyen jusqu'à ce qu'il devienne translucide (1 à 2 minutes). Mouillez avec le vin que vous laisserez s'évaporer. Ajoutez 1 louche de bouillon, et mélangez jusqu'à ce que le liquide ait été absorbé par le riz. Renouvelez cette opération pendant 15 minutes environ, toujours en mélangeant et en ne rajoutant pas plus d'1 louche de bouillon à la fois.

4 Éteignez le feu, vérifiez l'assaisonnement, ajoutez le beurre, le parmesan et mélangez. Couvrez pendant 2 minutes, mélangez à nouveau et servez aussitôt.

Risotto saucisse, potimarron, cèpes

POUR 4 PERS. | **PRÉPARATION** 20 MIN | **CUISSON** 35 MIN ENVIRON

INGRÉDIENTS

- 300 g de potimarron bio
- 1 oignon
- 20 g de cèpes séchés
- 250 g de saucisse de Toulouse
- 2 cuil. à soupe d'huile d'olive extra vierge
- 240 g de riz carnaroli ou arborio
- ½ verre de moscato d'Asti ou de vin blanc doux
- 500 g de bouillon de légumes frémissant (voir p. 126)
- 20 g de beurre froid
- 30 g de parmesan fraîchement râpé
- Sel, poivre

PRÉPARATION

1 Coupez le potimarron (il n'est pas nécessaire de le peler), enlevez les graines, et coupez-le en très petits dés ou émincez-le avec une mandoline (il devra fondre dans le risotto et cuire en 15 minutes). Réservez. Épluchez et hachez l'oignon. Réhydratez les cèpes dans un bol d'eau chaude.

2 Pelez la saucisse et coupez-la en morceaux, puis faites-les revenir doucement dans une cocotte avec l'oignon et l'huile d'olive. Ajoutez le riz, mélangez et laissez cuire à feu moyen jusqu'à ce qu'il devienne translucide (1 à 2 minutes). Mouillez avec le vin que vous laisserez s'évaporer.

3 Ajoutez 1 louche de bouillon, les cèpes égouttés et grossièrement hachés et le potimarron. Mélangez jusqu'à ce que le liquide ait été absorbé par le riz. Renouvelez cette opération pendant 15 minutes environ, toujours en mélangeant et en n'ajoutant pas plus d'1 louche de bouillon à la fois.

4 Éteignez le feu, vérifiez l'assaisonnement, ajoutez le beurre, le parmesan et mélangez. Couvrez pendant 2 minutes, mélangez à nouveau et servez aussitôt.

Á savoir

Le moscato d'Asti est un vin blanc de la région du Piémont. C'est un vin pétillant, fruité et léger qui soulignera le goût du potimarron et des cèpes.

Risotto aux légumes printaniers

POUR 4 PERS. | **PRÉPARATION** 40 MIN | **CUISSON** 25 MIN

INGRÉDIENTS

- 1 botte d'asperges vertes (350 g)
- 5 artichauts poivrade
- 6 petites courgettes
- 3 petites carottes nouvelles
- 1 oignon
- 2 cuil. à soupe d'huile d'olive extra vierge
- 300 g de riz carnaroli ou arborio
- ½ verre de vin blanc sec
- 200 g de fèves écossées
- 1,5 l de bouillon de légumes frémissant (voir p. 126)
- 50 g de beurre froid
- 60 g de parmesan fraîchement râpé
- Sel, poivre du moulin

PRÉPARATION

1 Épluchez les asperges : éliminez 3 cm de la base, coupez les pointes, réservez-les, puis coupez le reste en rondelles. Blanchissez les pointes d'asperge dans une casserole d'eau bouillante pendant 2 minutes et réservez.

2 Émincez les artichauts, coupez les courgettes et les carottes en petits dés. Dans une cocotte à fond épais, faites cuire doucement l'oignon épluché et émincé sans le colorer avec l'huile d'olive.

3 Ajoutez le riz, mélangez et laissez cuire à feu moyen jusqu'à ce qu'il devienne translucide (1 à 2 minutes). Mouillez avec le vin que vous laisserez s'évaporer. Ajoutez 1 louche de bouillon, puis tous les légumes (à l'exception des pointes d'asperge). Continuez la cuisson en rajoutant 1 louche de bouillon dès que le liquide a été absorbé par le riz. Renouvelez cette opération pendant 15 minutes environ, toujours en mélangeant et en n'ajoutant pas plus d'1 louche de bouillon à la fois.

4 3 minutes avant la fin de la cuisson, ajoutez les pointes d'asperge. Éteignez le feu, vérifiez l'assaisonnement, ajoutez le beurre, le parmesan et mélangez. Couvrez pendant 2 minutes, mélangez à nouveau et servez aussitôt.

Risi e bisi

riz aux petits pois vénitien

POUR 4 PERS. | **PRÉPARATION** 15 MIN | **CUISSON** 25 MIN

INGRÉDIENTS

- 700 g de petits pois frais non écossés
- 1 oignon
- 1 bouquet de persil plat
- 60 g de pancetta
- 60 g de beurre froid
- 1 feuille de laurier
- 300 g de riz carnaroli ou arborio
- 1/2 verre de vin blanc sec
- 1,5 l de bouillon de viande frémissant (voir p. 128)
- 60 g de parmesan fraîchement râpé
- Sel, poivre du moulin

PRÉPARATION

1 Écossez les petits pois. Gardez les cosses. Épluchez et hachez l'oignon, hachez le persil et la pancetta séparément.

2 Faites revenir la pancetta avec 20 g de beurre, puis baissez le feu et laissez cuire pendant 5 minutes. Ajoutez l'oignon, la feuille de laurier et les petits pois.

3 Ajoutez le riz, mélangez et laissez cuire à feu moyen jusqu'à ce qu'il devienne translucide (1 à 2 minutes). Mouillez avec le vin que vous laisserez s'évaporer. Ajoutez 1 louche de bouillon et continuez la cuisson jusqu'à ce que le liquide ait été absorbé par le riz.

4 Renouvelez cette opération pendant 15 minutes environ, toujours en mélangeant et en n'ajoutant pas plus d'1 louche de bouillon à la fois.

5 Éteignez le feu, vérifiez l'assaisonnement, ajoutez le beurre restant, le parmesan et mélangez. Couvrez pendant 2 minutes, mélangez à nouveau et servez aussitôt.

Á savoir

Si les petits pois sont très frais (et bio), vous pouvez utiliser leurs cosses et les ajouter au bouillon. Une fois cuit, vous le passerez au moulin à légumes et rajouterez au risotto la purée ainsi obtenue !

Risotto 100 % parmesan

POUR 4 PERS. | **PRÉPARATION** 10 MIN | **CUISSON** 20 MIN

INGRÉDIENTS

- 1 échalote
- 80 g de beurre froid
- 320 g de riz carnaroli ou arborio
- ½ verre de vin blanc sec
- 80 g de parmesan de 24 mois d'affinage (ou plus), fraîchement râpé
- 1,5 l environ de bouillon de viande ou de légumes frémissant (voir p. 126 et 128)
- Sel, poivre du moulin (facultatif)

PRÉPARATION

1 Dans une cocotte à fond épais, faites cuire doucement l'échalote épluchée et émincée sans la colorer avec 20 g de beurre.

2 Ajoutez le riz, mélangez et laissez cuire à feu moyen jusqu'à ce qu'il devienne translucide (1 à 2 minutes). Mouillez avec le vin que vous laisserez s'évaporer.

3 Ajoutez 1 louche de bouillon et mélangez jusqu'à ce que le liquide ait été absorbé par le riz. Renouvelez cette opération pendant 15 minutes environ, toujours en mélangeant et en ne rajoutant pas plus d'1 louche de bouillon à la fois.

4 À mi-cuisson, incorporez 30 g de beurre.

5 Éteignez le feu, vérifiez l'assaisonnement, ajoutez le beurre restant, le parmesan et mélangez. Couvrez pendant 2 minutes, mélangez à nouveau et servez aussitôt en portions assaisonnées de poivre du moulin.

Risotto à l'ail noir, noisettes et foie gras

POUR 4 PERS. | **PRÉPARATION** 15 MIN | **CUISSON** 40 MIN

INGRÉDIENTS

- 3 gousses d'ail noir
- 25 cl environ d'un mélange d'eau et d'huile d'olive extra vierge
- 2 escalopes de foie gras cru (2 x 50 g)
- 1 échalote
- 320 g de riz carnaroli ou arborio
- ½ verre de vin blanc sec
- 60 g de parmesan fraîchement râpé
- 30 g de noisettes grillées et grossièrement concassées
- 80 g de beurre froid
- Fleur de sel
- Sel, poivre du moulin

PRÉPARATION

1 Pelez l'ail noir et mettez les parures dans une casserole avec 1,5 l d'eau froide. Faites-les bouillir pendant 5 minutes et réservez. Ceci sera votre bouillon. Mixez les gousses d'ail noir avec le mélange huile/eau jusqu'à l'obtention d'une crème semi dense.

2 Dans une poêle très chaude, saisissez rapidement les escalopes de foie gras, coupez-les en dés d'1,5 cm environ et parsemez de fleur de sel. Réservez au chaud les dés de foie gras ainsi que le fond de cuisson des escalopes.

3 Dans une cocotte à fond épais, faites cuire doucement l'échalote épluchée et émincée sans la colorer avec le fond de cuisson des escalopes. Ajoutez le riz, mélangez et laissez cuire à feu moyen jusqu'à ce qu'il devienne translucide (1 à 2 minutes). Mouillez avec le vin que vous laisserez s'évaporer. Ajoutez 1 louche de bouillon et mélangez jusqu'à ce que le liquide ait été absorbé. Renouvelez cette opération pendant 15 minutes environ, en mélangeant et en ne rajoutant pas plus d'1 louche de bouillon à la fois.

4 Éteignez le feu, vérifiez l'assaisonnement, ajoutez le beurre, le parmesan et mélangez. Couvrez pendant 2 minutes puis mélangez de nouveau. Servez en portions, en distribuant par petites touches la crème d'ail noir, puis les dés de foie gras et enfin les noisettes concassées.

Secondi piatti

Coda alla vaccinara

queue de bœuf à la romaine

POUR 4 PERS. | **PRÉPARATION** 15 MIN | **CUISSON** 3 H 45 ENVIRON

INGRÉDIENTS

- 1 gousse d'ail
- 1 oignon
- 4 branches de céleri
- ½ botte de persil plat
- 100 g de guanciale ou de lard fermier
- 1,5 kg de queue de bœuf coupée en tronçons
- 1 verre de vin blanc
- 1,2 kg de tomates pelées en boîte
- 1 carotte
- 1 poignée de pignons de pin
- 2 cuil. à soupe de cacao amer ou de chocolat noir râpé
- Sel, poivre du moulin

PRÉPARATION

1 Pelez et hachez l'ail, l'oignon, la carotte pelée et 1 branche de céleri. Hachez à part les feuilles de persil.

2 Coupez le guanciale en dés et faites-les revenir à feu moyen dans un faitout. Quand ils auront rendu leur gras, ajoutez la viande, faites-la légèrement colorer sur toutes les faces, puis ajoutez les légumes hachés et mélangez bien.

3 Ajoutez le vin que vous laisserez s'évaporer, puis les tomates, du sel, du poivre.

4 Couvrez et laissez cuire pendant 3 h 30 environ jusqu'à ce que la viande se détache de l'os. Mélangez de temps à autre. Si besoin, ajoutez un peu d'eau chaude.

5 Entre-temps, coupez le céleri restant en rondelles d'1 cm environ.

6 10 minutes avant la fin de la cuisson, ajoutez le céleri, les pignons et le cacao. Mélangez et rectifiez l'assaisonnement.

7 Servez la viande sur un plat et nappez avec la sauce. Parsemez de persil haché et servez sans tarder.

Á savoir

Ce plat sera encore meilleur le lendemain. S'il reste de la sauce, vous pourrez assaisonner des tortiglioni ou d'autres pâtes courtes et parsemer de pecorino. Un délice !

Côtes de veau panées
à la milanaise

POUR 4 PERS. | **PRÉPARATION** 15 MIN | **CUISSON** 15 MIN ENVIRON

INGRÉDIENTS

- 4 côtes de veau de 2 cm d'épaisseur maximum, avec l'os (250-300 g chacune environ)
- 3 œufs
- 100 g de farine environ
- 300 g de chapelure (si possible faite maison avec du pain rassis mixé)
- 300 g de beurre clarifié ou de beurre doux avec 1 goutte d'huile
- Sel, poivre du moulin

PRÉPARATION

1 Sortez la viande du réfrigérateur 30 minutes avant de la cuire. Enlevez les éventuels résidus d'os sur les côtes de veau et pratiquez des entailles sur les bords pour les empêcher de s'enrouler pendant la cuisson.

2 Battez les œufs dans une assiette creuse. Ajoutez du sel et du poivre. Préparez trois assiettes creuses : une avec la farine, une avec les œufs et une troisième avec la chapelure.

3 Farinez une côte, tapotez l'excédent, passez-la dans l'œuf sur toutes les faces, puis dans la chapelure de manière à ce qu'elle en soit totalement recouverte. Pressez légèrement avec les mains pour bien faire adhérer. Faites de même avec les côtes de veau restantes. Placez la moitié du beurre dans une poêle et faites-le chauffer (s'il est clarifié, il résistera mieux à la haute température, sinon ajoutez quelques gouttes d'huile d'olive, ce qui haussera son point de fumée).

4 Faites cuire 2 côtes à la fois à feu moyen pendant 4 minutes environ, de chaque côté, en ayant soin d'arroser aussi le dessus et l'os avec le beurre. La panure doit dorer. Posez sur du papier absorbant et salez. Procédez de même avec les 2 autres côtes. Servez chaud avec des quartiers de citron et une salade.

Vitello tonnato

noix de veau, sauce au thon

POUR 4 PERS. | **PRÉPARATION** 20 MIN | **CUISSON** 50 MIN ENVIRON

INGRÉDIENTS

- 800 g de noix de veau, bien enroulée, ficelée comme un rôti
- 3 clous de girofle
- 1 branche de céleri
- 1 oignon
- 1 carotte
- 2 verres de vin blanc sec
- 1 feuille de laurier
- 3 grains de poivre noir
- 2 œufs à température ambiante (très important pour la réussite de la mayonnaise)
- 35 cl d'huile de tournesol environ
- Le jus d'1 citron jaune
- 200 g de thon à l'huile de bonne qualité
- 4 filets d'anchois à l'huile d'olive
- 20 g de câpres au vinaigre
- Sel, poivre du moulin

PRÉPARATION

1 Épluchez et coupez la carotte, la branche de céleri et l'oignon en morceaux.

2 Dans un faitout, placez la viande, les clous de girofle, la feuille de laurier, le vin blanc sec, du sel et 3 grains de poivre. Couvrez largement d'eau et laissez cuire à feu doux à couvert pendant 45 minutes environ à partir de l'ébullition. À l'issue de la cuisson, laissez le veau refroidir dans son jus.

3 Pendant ce temps, préparez la sauce mayonnaise. Dans un récipient étroit et haut, placez dans l'ordre : les œufs entiers, le jus de citron, l'huile, 1 pincée de sel, puis plongez le mixeur plongeant pendant 15 secondes sans le bouger. Passé ce temps, faites des mouvements de va-et-vient. Au bout de 30 à 40 secondes, votre mayonnaise sera prête. Poivrez et salez si nécessaire.

4 Mixez le thon avec les anchois et la moitié des câpres en ajoutant 3 cuillerées à soupe environ de jus de cuisson de la viande. Incorporez la mayonnaise, et mélangez. Salez, poivrez et mélangez pour obtenir une sauce onctueuse.

5 Égouttez la viande, enlevez la ficelle. Servez la viande à température ambiante tranchée très finement (idéalement tranchée à la machine) et décorée par des touches de sauce et les câpres restantes.

À savoir

C'est une recette de la cuisine piémontaise souvent consommée en été.

Osso-buco à la milanaise

POUR 4 PERS. | **PRÉPARATION** 15 MIN | **CUISSON** 1 H 40 ENVIRON

INGRÉDIENTS

- 1 oignon blanc
- 2 gousses d'ail pelées
- 1 branche de céleri
- 1 petite carotte
- 1 kg de jarret de veau (4 rouelles de 2,5 cm d'épaisseur environ prélevées si possible au centre du jarret : elles auront plus de chair !)
- 40 g de beurre
- 1 cuil. à soupe d'huile d'olive extra vierge
- ½ verre de vin blanc
- 1 cuil. à soupe rase de concentré de tomate
- 1 bol de bouillon de viande (voir p. 128)
- Farine
- 1 petit bouquet de persil plat
- Le zeste d'1/2 citron jaune non traité

PRÉPARATION

1 Épluchez et hachez l'oignon, 1 gousse d'ail, la carotte et le céleri. Piquez les bords de la viande (elle se rétractera moins pendant la cuisson) puis passez-la dans la farine. Tapotez pour retirer l'excédent.

2 Dans une grande poêle ou une large casserole basse à fond épais, faites fondre le beurre avec l'huile puis ajoutez la viande pour la saisir quelques minutes des deux côtés.

3 Baissez le feu et continuez à faire colorer la viande jusqu'à ce qu'elle commence à attacher au fond de la casserole. Versez alors le vin et laissez s'évaporer. Ajoutez le céleri, l'oignon, l'ail et la carotte hachée. Après quelques minutes, ajoutez le concentré de tomate dilué dans un bol d'eau.

4 Couvrez, baissez le feu, continuez la cuisson à feu doux pendant 1 h 30 environ en ajoutant une louche de bouillon si la sauce s'épaissit trop. À la fin de la cuisson, la viande doit légèrement se détacher de l'os.

5 Pendant ce temps, préparez la gremolata : hachez très fin le zeste de citron, le persil et l'ail restant. 5 minutes avant la fin de la cuisson, retirez le couvercle et ajoutez la gremolata. Baissez le feu, mélangez et laissez sur le feu encore 5 minutes avant de servir, parsemé de persil ciselé.

Á savoir

Ce plat se sert traditionnellement avec le risotto à la milanaise, mais de la purée de pommes de terre sera excellente.

Conseil

Vous pouvez garder la viande dans sa sauce pour le lendemain (le goût en sera même meilleur). Dans ce cas, n'ajoutez la gremolata que lorsque vous aurez quasiment fini de réchauffer à feu doux la viande.

Spezzatino
sauté de veau à l'italienne

POUR 4 PERS. | **PRÉPARATION** 30 MIN | **CUISSON** 1 H 30 ENVIRON

INGRÉDIENTS

- 3 carottes
- 3 branches de céleri
- 1 gousse d'ail
- 2 oignons
- 30 g de beurre
- 3 cuil. à soupe d'huile d'olive extra vierge
- 800 g d'épaule de veau ou de collier, coupé en morceaux d'environ 5 cm
- 1 verre de vin blanc
- 1 feuille de laurier
- 1 branche de 10 cm environ de romarin
- 700 g de concassée de tomates en boîte
- 1 bol de bouillon de viande (voir p. 128)
- Sel, poivre du moulin

PRÉPARATION

1 Nettoyez et hachez les carottes, le céleri. Épluchez et hachez l'ail et les oignons.

2 Dans une cocotte, faites fondre le beurre avec l'huile à feu moyen.

3 Ajoutez les morceaux de viande et faites colorer au moins 5 minutes. Réservez.

4 Dans la même cocotte, faites revenir les légumes hachés pendant quelques minutes. Ajoutez la viande avec son jus, mélangez à feu vif pendant quelques instants. Versez le vin et laissez s'évaporer.

5 Salez, poivrez, ajoutez les herbes et la concassée de tomates.

6 Portez à frémissement puis laissez mijoter à couvert à feu doux pendant 1 h 30 environ. Si besoin, ajoutez une louche de bouillon.

7 Rectifiez l'assaisonnement et servez chaud.

Á savoir

Le spezzatino est un des grands classiques de la cuisine italienne. Il sera excellent servi avec une polenta fumante !

Boulettes à la sicilienne

POUR 4 PERS. | **PRÉPARATION** 30 MIN | **CUISSON** 10 MIN

INGRÉDIENTS

- 50 g d'amandes émondées
- 100 g de mie de pain
- 1 verre de lait
- 300 g de viande de bœuf hachée
- 1 cuil. à café rase de cannelle
- 35 g de parmesan râpé
- 1 cuil. à soupe de sucre en poudre
- 1 œuf
- 1 vingtaine de feuilles de menthe
- 20 cl d'huile de tournesol environ
- Sel, poivre du moulin

PRÉPARATION

1 Faites griller les amandes dans une poêle antiadhésive, sans ajouter de matière grasse, et laissez refroidir.

2 Hachez les amandes grossièrement.

3 Trempez la mie de pain dans le lait pendant 5 minutes, puis essorez-la avec les mains.

4 Dans un saladier, placez la viande, la mie de pain, la cannelle, le sucre, l'œuf, le parmesan, salez, poivrez.

5 Mélangez tous les ingrédients avec les mains (propres !) jusqu'à obtenir un ensemble compact.

6 Façonnez des boulettes de 4 cm de diamètre environ et aplatissez-les légèrement.

7 Versez l'huile dans une poêle antiadhésive, faites cuire les boulettes 10 minutes environ de chaque côté, en les retournant. Elles doivent devenir dorées.

8 Posez les boulettes sur du papier absorbant dès qu'elles sont dorées et servez-les avec les feuilles de menthe ciselées.

Á savoir

Cette recette sicilienne sucrée-salée témoigne d'une cuisine influencée par le Moyen-Orient et l'Afrique du Nord. La Sicile a été sous domination arabe pendant plus de 200 ans. Les Arabes ont apporté entre autres le couscous, les amandes, les pistaches, le sucre.

Boulettes à la mortadelle

POUR 4 PERS. | **PRÉPARATION** 20 MIN | **CUISSON** 40 MIN

INGRÉDIENTS

- 50 g de mie de pain
- 10 cl de lait
- 200 g de viande de bœuf hachée
- 100 g de viande de porc hachée ou 300 g de viande de bœuf hachée
- 80 g de mortadelle de Bologne IGP, grossièrement hachée
- 1 œuf
- Le zeste d'1 citron non traité
- 70 g de parmesan râpé
- 1 pincée de noix de muscade fraîchement râpée
- 1 gousse d'ail pelée et dégermée
- 2 cuil. à soupe d'huile d'olive
- 500 g de coulis de tomates de qualité ou de tomates pelées ou de pulpe de tomates mixée
- 1 vingtaine de feuilles de basilic hachées
- Sel, poivre du moulin

PRÉPARATION

1 Trempez la mie de pain dans le lait, pendant 5 minutes puis essorez-la avec les mains.

2 Dans un saladier, placez la viande, la mie de pain, la mortadelle, l'œuf, le zeste de citron râpé, le parmesan, la muscade, du poivre et du sel.

3 Travaillez tous les ingrédients (mains propres !) jusqu'à obtenir un ensemble plutôt compact et lisse. Façonnez des boulettes de 3 cm de diamètre environ.

4 Faites revenir dans une poêle la gousse d'ail légèrement écrasée dans l'huile. Versez le coulis de tomates et le basilic et portez à ébullition.

5 Ajoutez les boulettes, couvrez et laissez cuire à feu doux pendant 40 minutes environ en les retournant à mi-cuisson.

6 Servez bien chaud.

Á savoir

Vous pouvez également cuire ces boulettes uniquement dans de l'huile de tournesol (sans sauce tomate). Dans ce cas, procédez comme dans la recette de boulettes à la sicilienne (voir p. 164) et dégustez-les avec des légumes de saison.

Saltimbocca à la romaine

POUR 4 PERS. | **PRÉPARATION** 20 MIN | **CUISSON** 25 MIN

INGRÉDIENTS

- 400 g de fines escalopes de noix de veau (3 mm d'épaisseur)
- 100 g de fines tranches de jambon de Parme
- 15 feuilles de sauge environ
- 100 g de farine environ
- 70 g de beurre
- 1 cuil. à soupe d'huile d'olive
- 1 ½ verre de vin blanc sec
- 1 petite louche de bouillon de légumes (voir p. 126) ou d'eau chaude
- Poivre

Á savoir

Cette recette est excellente accompagnée d'une purée de pommes de terre l'hiver et de haricots sautés au beurre l'été.

PRÉPARATION

1 Effectuez de petites entailles sur les bords des escalopes pour les empêcher de s'enrouler pendant la cuisson.

2 Aplatissez-les avec un pilon ou un rouleau à pâtisserie. Cette opération cassera les fibres de la viande et la rendra plus moelleuse.

3 Coupez l'escalope en deux dans le sens de la largeur. Posez au milieu de chaque escalope, légèrement poivrée et salée, 1 tranche de jambon de Parme (elle doit recouvrir la superficie de l'escalope, si besoin, coupez la tranche à moitié) et 1 feuille de sauge, fixez le tout avec une pique en bois. Passez les tranches dans la farine et éliminez l'excédent.

4 Dans une grande poêle, faites chauffer à feu doux 1 cuillerée à soupe d'huile avec 50 g de beurre et quelques feuilles de sauge de 2 à 3 minutes, avant d'y déposer les escalopes. Si nécessaire, ajoutez un peu de beurre. Ajoutez ½ verre de vin blanc, puis 1 louche de bouillon et faites cuire à feu moyen pendant 5 minutes en retournant les escalopes une fois. Éteignez le feu.

5 Enlevez les piques en bois de chaque tranche. Réservez au chaud. Déglacez la poêle avec le vin restant, laissez bouillir 1 minute et ajoutez le beurre restant. Mélangez. Servez en portions les escalopes nappées de leur sauce.

Tripes à la romaine

POUR 4 PERS. | **PRÉPARATION** 30 MIN | **CUISSON** 1 H 10

INGRÉDIENTS

- 1 kg de tripes précuites
- 2 oignons
- 1 branche de céleri
- 1 carotte
- 100 g de pecorino romano râpé
- 120 g de guanciale (facultatif)
- 2 cuil. à soupe d'huile d'olive extra vierge
- 1 poignée de menthe fraîche
- 1 verre de vin blanc sec
- 800 g de pulpe de tomates
- Sel, poivre du moulin

À savoir

Il s'agit d'un plat qui peut être préparé la veille !

PRÉPARATION

1 Coupez les tripes en lanières de 6 cm sur 1,5 environ.

2 Épluchez et hachez très finement les oignons, le céleri, la carotte et le guanciale et faites-les revenir avec l'huile dans une casserole.

3 Ajoutez les tripes, mélangez et faites cuire 7 minutes, puis ajoutez le vin que vous laisserez s'évaporer et enfin la pulpe de tomates, du sel et du poivre.

4 Laissez cuire à feu doux pendant 1 heure mi-couvert, puis goûtez et rectifiez l'assaisonnement. À la fin, la sauce doit être onctueuse. Ajoutez 2 à 3 cuillerées à soupe de pecorino, mélangez et éteignez le feu.

5 Servez bien chaud en portions avec la menthe ciselée et le pecorino restant.

La recette de base
de la pizza

POUR 4 À 6 PERS. | **PRÉPARATION** 20 MIN | **REPOS** 2 À 4 H | **CUISSON** 20 MIN

INGRÉDIENTS

- 10 g de levure de boulanger fraîche ou ½ sachet (4 g) de levure de boulanger sèche
- 30 cl d'eau tiède
- ½ cuil. à café de sucre en poudre
- 500 g de farine T65
- 2 cuil. à café de sel fin
- 2 cuil. à soupe d'huile d'olive extra vierge

PRÉPARATION

1 Émiettez la levure dans l'eau tiède, ajoutez le sucre, mélangez et attendez 5 minutes (cette attente n'est pas nécessaire avec la levure sèche. Dans ce cas, vous ajouterez le sucre tout de suite après la levure sèche).

2 Versez la farine dans le bol du robot, ajoutez le sel et mélangez avec le crochet. Versez la levure dissoute dans l'eau et l'huile. Pétrissez la pâte pendant 10 minutes à petite vitesse jusqu'à ce qu'elle soit élastique.

3 Formez une boule, couvrez avec du film étirable et laissez reposer dans le four éteint entre 2 et 4 heures jusqu'à ce qu'elle ait doublé de volume. (Attention aux courants d'air et à toute variation de température qui compromettrait la pousse.)

4 Étalez la pâte à pizza du bout des doigts directement sur la plaque du four huilée en pressant légèrement pour ne pas dégonfler la pâte. Vous pouvez désormais garnir votre pizza.

Pizza saucisse, romarin et pecorino

POUR 4 À 6 PERS. | **PRÉPARATION** 10 MIN | **CUISSON** 20 MIN

INGRÉDIENTS

- Pâte à pizza (voir p. 172) ou 2 pâtes à pizza du commerce (au rayon frais)
- 250 g de mozzarella de vache
- 400 g de saucisse de Toulouse
- 100 g de pecorino romano râpé
- 2 branches de romarin frais de 20 cm environ
- 2 cuil. à soupe d'huile d'olive extra vierge

PRÉPARATION

1 Égouttez et coupez la mozzarella de vache en dés. Mettez-les dans une passoire.

2 Pelez et émiettez la saucisse que vous mélangerez avec le pecorino.

3 Préchauffez le four à 240 °C (th. 8) chaleur statique.

4 Étalez la pâte directement sur une plaque de four huilée, avec des pressions légères.

5 Disposez la mozzarella, la saucisse mélangée au pecorino, les feuilles de romarin et l'huile d'olive.

6 Enfournez pour 20 minutes environ.

7 Servez en parts.

Pizza Margherita
à ma façon

POUR 4 À 6 PERS. | **PRÉPARATION** 10 MIN | **CUISSON** 20 MIN

INGRÉDIENTS

- Pâte à pizza (voir p. 172) ou 2 pâtes à pizza du commerce (au rayon frais)
- 250 g de mozzarella de vache
- 1 boîte de 300 g de tomates pelées
- 6 cuil. à soupe d'huile d'olive extra vierge
- 1 grosse poignée de feuilles de basilic
- Sel, poivre du moulin

PRÉPARATION

1 Égouttez et coupez la mozzarella de vache en dés. Mettez-les dans une passoire.

2 Assaisonnez les tomates pelées avec 2 cuillerées à soupe d'huile, un peu de sel et du poivre.

3 Préchauffez le four à 240 °C (th. 8) chaleur statique.

4 Étalez la pâte directement sur une plaque de four huilée, en pressant légèrement.

5 Ajoutez les tomates pelées assaisonnées en les écrasant un peu avec une fourchette.

6 Enfournez pour 10 minutes environ.

7 Ajoutez la mozzarella avec l'huile restante. Remettez au four pendant 10 minutes.

8 Sortez la pizza du four, ajoutez les feuilles de basilic et servez sans tarder.

Foie à la vénitienne

POUR
4 PERS.

PRÉPARATION
10 MIN

CUISSON
20 MIN

INGRÉDIENTS

- 500 g de foie de veau
- 500 g d'oignons blancs
- 1 beau bouquet de persil plat
- 50 g de beurre
- 4 cuil. à soupe d'huile d'olive extra vierge
- Sel, poivre du moulin

PRÉPARATION

1 Enlevez les éventuelles peaux du foie.

2 Coupez le foie en lanières de 2 cm environ. Hachez les feuilles de persil.

3 Pelez et émincez finement les oignons.

4 Dans une poêle, faites fondre le beurre avec l'huile, puis ajoutez les oignons. Laissez cuire à feu doux pendant 15 minutes jusqu'à ce qu'ils soient confits mais pas colorés.

5 Ajoutez le foie, le persil et faites cuire à feu vif de 5 à 6 minutes jusqu'à ce que le foie soit doré.

6 Salez, poivrez et servez en portions.

Espadon sauce salmoriglio

POUR 4 PERS. | **PRÉPARATION** 10 MIN | **CUISSON** 10 MIN

INGRÉDIENTS

- 600 g d'espadon
- 1 bouquet de persil plat
- 2 citrons non traités
- 10 cuil. à soupe d'huile d'olive extra vierge
- 1 gousse d'ail épluchée, dégermée et écrasée
- 3 bonnes pincées d'origan
- Sel, poivre du moulin

PRÉPARATION

1 Coupez l'espadon en tranches de 2 cm d'épaisseur environ.

2 Hachez les feuilles de persil et réservez.

3 Pressez les citrons et filtrez le jus.

4 Dans un saladier, versez le jus de citron, 8 cuillerées à soupe d'huile, ajoutez le persil, l'origan, l'ail, du sel et du poivre. Fouettez soigneusement.

5 Huilez les tranches d'espadon avec l'huile d'olive restante et faites-les griller sur une grille en fonte bien chaude de 2 à 3 minutes de chaque côté.

6 Servez les tranches d'espadon nappées de sauce.

Á savoir

Le salmoriglio est une sauce faisant partie des traditions siciliennes et calabraises, utilisée pour accompagner la viande et le poisson.

Coniglio in porchetta

roulé de lapin à la mode des Marches

POUR 4 PERS. | **PRÉPARATION** 30 MIN | **CUISSON** 45 MIN

INGRÉDIENTS

- 1 lapin désossé mais laissé entier
- 1 gousse d'ail pelée et dégermée
- 2 tiges de romarin frais de 10 cm environ
- 6 feuilles de sauge
- 8 cuil. à soupe d'huile d'olive extra vierge
- 150 g de saucisse de Toulouse émiettée
- 1 cuil. à soupe de graines de fenouil écrasées
- 100 g de lard fermier coupé en fines tranches (12 tranches environ)
- 1 verre de vin blanc sec
- Sel, poivre du moulin

PRÉPARATION

1. Préchauffez le four à 200 °C (th. 6-7).
2. Posez le lapin entre deux feuilles de papier sulfurisé et battez-le avec un pilon ou un rouleau à pâtisserie pour égaliser l'épaisseur.
3. Hachez l'ail avec le romarin et la sauge. Massez le lapin avec cette préparation, du sel et du poivre. Arrosez avec 2 cuillerées à soupe d'huile d'olive.
4. Répartissez sur le lapin la saucisse émiettée, les graines de fenouil, le lard. Rabattez les deux extrémités du lapin vers l'intérieur et ficelez le lapin comme un rôti. Salez et poivrez.
5. Versez l'huile restante dans un plat à four, y déposez le lapin et enfournez pour 40 à 50 minutes environ.
6. À mi-cuisson, ajoutez le vin blanc.
7. Servez, par exemple, avec des pommes de terre rôties.

Seiches et petits pois

POUR 4 PERS. | **PRÉPARATION** 10 MIN | **CUISSON** 40 MIN

INGRÉDIENTS

- 800 g de seiches
- 1 gousse d'ail pelée et dégermée
- 1 oignon épluché
- 3 cuil. à soupe d'huile d'olive extra vierge
- 500 g de petits pois écossés
- ½ bouquet de persil plat
- 1 verre de vin blanc sec
- Sel, poivre du moulin

PRÉPARATION

1 Faites nettoyer les seiches par votre poissonnier et coupez-les en lanières d'environ 2 cm.

2 Hachez l'ail et l'oignon, faites-les revenir dans une poêle avec l'huile d'olive.

3 Ajoutez les seiches et les petits pois écossés, salez, poivrez. Ajoutez le vin blanc que vous laisserez s'évaporer.

4 Ajoutez le persil et faites cuire pendant 30 minutes.

5 Servez bien chaud.

Poêlée de girolles
et polenta

POUR 4 PERS. | **PRÉPARATION** 20 MIN | **CUISSON** 1 H 10

INGRÉDIENTS

- 250 g de semoule de maïs (polenta)
- 1 botte de persil plat
- 500 g de girolles nettoyées
- 1 gousse d'ail pelée
- 1 l d'eau
- 10 g de gros sel
- 4 cuil. à soupe d'huile d'olive extra vierge
- Sel, poivre du moulin

Á savoir

Vous pouvez utiliser de la polenta instantanée (qui toutefois n'est pas aussi savoureuse) : dans ce cas, la cuisson sera de 5 à 10 minutes.

PRÉPARATION

1 Préparez la polenta. Portez l'eau à ébullition dans une casserole à fond épais, salez.

2 Versez doucement la semoule de maïs en pluie, mélangez vigoureusement avec un fouet pour éviter les grumeaux.

3 Baissez le feu aux premiers bouillons et continuez la cuisson pendant 45 minutes. La polenta est cuite quand elle se détache des parois.

4 Pendant ce temps, hachez les feuilles de persil. Coupez les girolles en morceaux. Dans une poêle faites revenir l'huile et l'ail entier.

5 Ajoutez les girolles, le persil, faites cuire à feu vif pendant 5 minutes, puis baissez le feu et poursuivez la cuisson encore 20 minutes.

6 Versez la polenta sur un plat de service, creusez-la légèrement avant d'y déposer les champignons.

7 Servez sans tarder.

Carpaccio de bœuf parfumé

POUR 4 PERS. | **PRÉPARATION** 20 MIN | **MARINADE** 1 H

INGRÉDIENTS

- 150 g de tomates cerises + 5-6 pour décorer
- 1 gousse d'ail pelée et dégermée
- 2 cuil. à soupe d'huile d'olive extra vierge de qualité
- 1 poignée de feuilles de basilic
- 400 g de carpaccio de bœuf
- 150 g de mâche
- 1 citron coupé en quartiers
- Poivre

PRÉPARATION

1 Lavez les tomates et écrasez-les entre la paume des mains dans un petit saladier.

2 Ajoutez la gousse d'ail entière, l'huile, du poivre et 1 petite poignée de feuilles de basilic hachées finement.

3 Fouettez la sauce avec une fourchette et laissez mariner pendant 1 heure au frais. N'ajoutez pas de sel.

4 Au moment du service, salez la sauce aux tomates, ôtez l'ail, mélangez.

5 Disposez la mâche sur l'assiette, ajoutez le carpaccio et la sauce aux tomates.

6 Décorez l'assiette avec 1 quartier de citron et des tomates entières.

Sauté de coquillages
et leurs tranches de pain

POUR 4 PERS. | **PRÉPARATION** 15 MIN | **CUISSON** 15 MIN

INGRÉDIENTS

- 400 g de tomates cerises
- 4 cuil. à soupe d'huile extra vierge
- 2 gousses d'ail pelées
- 1 botte de persil
- 800 g de moules nettoyées
- 500 g de palourdes ou de coques dégorgées (voir p. 138)
- Le zeste d'1 citron bio râpé
- 8 tranches de pain de campagne grillées

PRÉPARATION

1 Coupez les tomates en deux.

2 Dans une large poêle, faites revenir 2 gousses d'ail écrasées avec l'huile, 1 branche de persil et les tomates. Après 2 minutes de cuisson, ajoutez les coquillages, couvrez jusqu'à ce qu'ils s'ouvrent. Retirez-les du feu et filtrez le jus.

3 Ajoutez aux coquillages 1 louche du jus filtré.

4 Préparez quatre assiettes creuses.

5 Disposez dans chaque assiette 2 tranches de pain, les coquillages et leur sauce, parsemez de feuilles de persil et de zeste de citron.

6 Servez sans tarder.

Thon à la mode
de Syracuse

POUR 4 PERS. | **PRÉPARATION** 10 MIN | **CUISSON** 25 MIN

INGRÉDIENTS

- 50 g de câpres au sel
- 1 botte de persil
- 6 tomates pelées fraîches en saison ou ½ boîte de concassée de tomates
- 2 gros oignons
- 4 tranches de thon
- 1 verre de vin blanc sec
- 2 cuil. à soupe d'huile d'olive extra vierge
- Sel, poivre du moulin

PRÉPARATION

1 Dessalez les câpres pendant 5 minutes sous l'eau courante, hachez les feuilles de persil.

2 Coupez les tomates fraîches en morceaux. Épluchez et émincez les oignons et faites-les dorer dans une poêle avec l'huile.

3 Ajoutez dessus les tranches de thon et le vin blanc sec que vous laissez s'évaporer à feu vif. Salez légèrement et poivrez.

4 Ajoutez les tomates, les câpres et faites cuire de 10 à 15 minutes à feu moyen.

5 Ajoutez le persil sur chaque tranche, Servez en portions avec la sauce.

Á savoir

Cette recette est une spécialité de la ville de Syracuse, en Sicile. Les tranches de mérou y sont cuisinées de la même façon.

Tartare de thon,
Tabasco®, pignons et roquette

POUR 4 PERS. | **PRÉPARATION** 15 MIN | **CUISSON** 5 MIN

INGRÉDIENTS

- 60 g de pignons de pin
- 500 g de thon frais préalablement décongelé coupé en fines tranches*
- 40 g de roquette
- 1 poignée de cerfeuil
- 3 gouttes de Tabasco®
- 2 cuil. à soupe d'olive d'huile extra vierge
- 4 tranches de pain grillées
- Sel, poivre du moulin

PRÉPARATION

1 Grillez les pignons de pin dans une poêle antiadhésive sans matière grasse. Réservez.

2 Coupez les tranches de thon en petits dés.

3 Mixez la roquette avec le cerfeuil. Ajoutez les pignons et mixez-les grossièrement.

4 Transférez dans un bol, ajoutez le thon, le Tabasco®, du poivre, l'huile et du sel. Mélangez soigneusement.

5 Servez le tartare dans des petits bols individuels accompagnés du pain grillé.

*Les sardines, anchois, thon, saumon ne peuvent pas être consommés crus sans avoir été congelés au préalable, pendant une période d'au minimum 3 jours à -20 °C. Ceci pour éviter l'anisakis, un parasite qui vit dans les intestins des poissons et qui passe facilement dans leur chair.

Moules gratinées
aux pistaches

POUR 4 PERS. | **PRÉPARATION** 10 MIN | **CUISSON** 20 MIN

INGRÉDIENTS

- 1 kg de moules nettoyées
- 50 g de pistaches décortiquées
- 100 g de chapelure maison
- ½ botte de persil plat
- 20 g de pecorino romano râpé
- 6 cuil. à soupe d'huile d'olive extra vierge

PRÉPARATION

1 Ouvrez les moules dans une poêle à feu vif avec 1 cuillerée à soupe d'huile.

2 Hachez grossièrement les pistaches.

3 Préchauffez le four à 180 °C (th. 6).

4 Dans un petit saladier, mélangez les pistaches, la chapelure, le persil haché, le pecorino et 2 cuillerées à soupe d'huile pour constituer la farce.

5 Ôtez la coquille supérieure des moules et disposez la farce. Rangez-les dans un plat à four légèrement huilé. Salez et arrosez avec l'huile restante.

6 Enfournez pour 4 à 6 minutes jusqu'à ce qu'une petite croûte se soit formée. Servez en portions.

Beignets de morue

POUR 4 PERS. | **PRÉPARATION** 15 MIN | **CUISSON** 20 MIN

INGRÉDIENTS

- 600 g de morue dessalée
- 100 g de farine de riz
- 100 g de farine de blé
- 35 cl d'eau gazeuse froide
- Le jus d'1 citron vert bio
- 1 l d'huile de tournesol
- Sel

PRÉPARATION

1 À l'aide d'une pince, ôtez les éventuelles arêtes de la morue.

2 Coupez la morue en morceaux de 4 cm chacun, tamponnez-les soigneusement avec du papier absorbant.

3 Faites chauffer l'huile à 170 °C.

4 Dans un bol, versez les deux farines, ajoutez petit à petit l'eau gazeuse en mélangeant bien avec une fourchette pour éviter les grumeaux.

5 Roulez les morceaux de morue dans le mélange farine-eau.

6 Faites frire 4 à 5 morceaux de morue à la fois pour éviter de baisser la température de l'huile et posez-les sur du papier absorbant.

7 Servez bien chaud en ajoutant si nécessaire du sel et 1 filet de jus de citron.

Calamars farcis
aux aubergines et pecorino sarde

POUR 4 PERS. | **PRÉPARATION** 20 MIN | **CUISSON** 40 MIN

INGRÉDIENTS

- 250 g de pommes de terre
- 6 calamars nettoyés
- 2 cuil. à soupe d'huile d'olive extra vierge
- 300 g d'aubergines
- Feuilles de marjolaine fraîches (facultatif)
- Feuilles d'origan
- 40 g de pecorino sarde affiné ou de ricotta salée râpés
- 1 dose de safran
- 20 cl de vin blanc sec
- Sel, poivre

PRÉPARATION

1 Faites cuire les pommes de terre dans une casserole d'eau pendant environ 20 minutes à partir de l'ébullition.

2 Coupez les tentacules des calamars en petits morceaux.

3 Coupez l'aubergine en petits dés et faites-les cuire avec les tentacules et 1 cuillerée à soupe d'huile dans une poêle antiadhésive pendant 10 minutes environ. Salez et poivrez.

4 Épluchez les pommes de terre et écrasez-les au presse-purée.

5 Assaisonnez-les avec quelques feuilles d'origan et de marjolaine frais, ajoutez le fromage, les aubergines avec les tentacules, salez, poivrez et farcissez les calamars. Fermez avec un cure-dents.

6 Faites griller les calamars sur toute leur superficie dans une poêle antiadhésive à feu vif pendant environ 5 minutes avec l'huile restante et 1 pincée de sel et de poivre. Réservez au chaud.

7 Diluez le safran dans le vin blanc que vous verserez dans cette même poêle. Faites cuire à feu vif pendant 2 minutes, puis servez les calamars avec cette sauce.

Pintade au vin rouge

POUR
4 PERS.

PRÉPARATION
20 MIN

CUISSON
1 H

INGRÉDIENTS

- 10 g de cèpes séchés
- 200 g d'oignons
- 70 g de pancetta ou de lard fermier
- 1 kg de pintade découpée en morceaux
- 60 g de beurre
- ½ cuil. à soupe d'huile d'olive extra vierge
- 20 g de farine
- 1 bouteille de vin rouge corsé
- 1 pincée de muscade
- 80 g de saucisse de Toulouse
- Sel, poivre du moulin

PRÉPARATION

1 Placez les cèpes à réhydrater dans de l'eau chaude.

2 Épluchez et hachez les oignons, hachez la pancetta.

3 Faites colorer la pintade dans une casserole avec la moitié du beurre et l'huile d'olive.

4 Ajoutez l'oignon et la pancetta, faites cuire quelques minutes.

5 Saupoudrez de farine, ajoutez le vin, du sel, du poivre et la muscade.

6 Faites cuire pendant 40 minutes, puis ôtez les morceaux de pintade et réservez-les chaud. Placez un mixeur plongeant dans la sauce et mixez.

7 Ajoutez la saucisse émiettée, les cèpes égouttés et le beurre restant. Remettez les morceaux de pintade, mélangez bien et laissez cuire encore 5 minutes et servez bien chaud en portions.

À savoir

Cette pintade sera un régal avec une polenta bien moelleuse (voir p. 186) ou une purée de pommes de terre maison.

Poulpes façon Luciana

POUR 4 PERS. | **PRÉPARATION** 10 MIN | **CUISSON** 40 MIN

INGRÉDIENTS

- 1 kg de poulpe (petits de préférence)
- 1 bouquet de persil plat
- 3 tomates juteuses
- 1 cuil. à soupe de câpres au sel dessalées
- 2 cuil. à soupe d'olives de Gaeta (si possible ou à défaut de Taggia)
- 4 cuil. à soupe d'huile d'olive extra vierge
- Sel, poivre du moulin

PRÉPARATION

1 Faites vider les poulpes par votre poissonnier, puis rincez-les sous l'eau courante.Hachez les feuilles de persil. Transférez les poulpes dans une casserole avec les tomates hachées, du sel, du poivre et ½ verre d'eau. Couvrez et faites cuire environ 40 minutes selon la taille des poulpes sans soulever le couvercle. À mi-cuisson, ajoutez les olives et les câpres. Une fois les poulpes cuits, ajoutez le persil et l'huile. Servez les poulpes entiers ou en morceaux avec le jus de cuisson et des tranches de pain grillées.

Dorade, nectarines
et poivre rose

POUR 4 PERS. | **PRÉPARATION** 20 MIN | **MARINADE** 1 H

INGRÉDIENTS

- 600 g de filets de dorade extra-frais préalablement décongelés*
- 2 nectarines
- Le jus d'1 citron vert
- 1 cuil. à café de gingembre râpé
- 1 cuil. à soupe de poivre rose
- 2 à 3 cuil. à soupe d'huile d'olive extra vierge
- Sel, poivre du moulin

PRÉPARATION

1 À l'aide d'une pince, ôtez les éventuelles arêtes de la dorade.

2 Coupez les filets de dorade en lanières d'1 cm de large puis en petits dés. Transférez dans un petit saladier, réservez au réfrigérateur.

3 Coupez les nectarines par moitié puis émincez-les.

4 Placez dans un bol le jus du citron vert, le poivre rose concassé, le gingembre, l'huile d'olive, du sel, du poivre et fouettez à l'aide d'une fourchette.

5 Versez le mélange sur la dorade et laissez mariner pendant 1 heure au réfrigérateur.

6 Disposez les tranches de nectarines sur les assiettes individuelles et par-dessus, la dorade.

*Lespoissons ne peuvent pas être consommés crus sans avoir été congelés au préalable, pendant une période d'au minimum 3 jours à -20 °C. Ceci pour éviter l'anisakis, un parasite qui vit dans les intestins des poissons et qui passe facilement dans leur chair.

Côtes d'agneau frites

POUR 4 PERS. | **PRÉPARATION** 15 MIN | **CUISSON** 20 MIN

INGRÉDIENTS

- 3 œufs
- 8 côtes d'agneau de 2 cm d'épaisseur
- 80 g environ de chapelure maison
- 2 citrons bio
- 1 l d'huile de tournesol
- Sel, poivre du moulin

PRÉPARATION

1 Faites chauffer l'huile à 170 °C.

2 Dans une assiette creuse, battez les œufs avec du sel et du poivre.

3 Passez les côtes d'agneau dans l'œuf, puis dans la chapelure en pressant bien avec les mains afin que la chapelure adhère sur toute la surface.

4 Immergez 2 à 3 côtes à la fois dans l'huile et laissez frire environ 10 minutes en les retournant à mi-cuisson.

5 Égouttez-les et posez-les sur du papier absorbant.

6 Servez les côtes d'agneau frites bien chaudes avec des quartiers de citron.

À savoir

Cette recette est une des façons de cuisiner l'agneau à Pâques en Italie.

Cotolette alla bolognese

escalopes de veau à la bolognaise

POUR 4 PERS. | **PRÉPARATION** 40 MIN | **CUISSON** 30 MIN

INGRÉDIENTS

- 4 escalopes de veau de 0,5 cm d'épaisseur (si possible dans le filet) pour un poids total de 400 g
- 2 œufs
- 70 g de parmesan
- 100 g de chapelure maison
- 60 g de beurre clarifié ou de beurre avec 1 goutte d'huile d'olive
- 4 fines tranches de jambon de Parme
- Sel, poivre du moulin

PRÉPARATION

1. Placez les escalopes entre deux feuilles de papier sulfurisé. À l'aide d'un rouleau à pâtisserie, aplatissez-les légèrement.
2. Battez les œufs avec un peu de sel et de poivre.
3. Passez les escalopes dans l'œuf battu, puis dans la chapelure.
4. Faites chauffer une poêle avec l'huile et le beurre et faites colorer les escalopes des deux côtés. (Il faut compter environ 6 minutes de cuisson, cela dépend de l'épaisseur.)
5. Recouvrez chaque escalope d'1 tranche de jambon et de parmesan en copeaux. Mettez un couvercle et laissez cuire sur feu doux jusqu'à ce que le fromage ait complètement fondu.
6. Égouttez et épongez les escalopes avec du papier absorbant.
7. Transférez sur un plat de service bien chaud et servez sans tarder.

Contorni

Frittedda fèves, petits pois, échalote à la sicilienne

POUR 4 PERS. | **PRÉPARATION** 15 MIN | **CUISSON** 20 MIN

INGRÉDIENTS

- 1 kg de fèves avec cosses
- 600 g de petits pois avec cosses
- 6 artichauts poivrade
- Le jus d'1 citron bio
- 3 échalotes
- 1 poignée de feuilles de menthe fraîche
- 5 cuil. à soupe d'huile d'olive extra vierge
- 5 cl de vinaigre de cidre ou de vin blanc
- 1 cuil. à soupe de sucre en poudre
- Sel, poivre du moulin

PRÉPARATION

1 Écossez les petits pois et les fèves.

2 Préparez les artichauts : enlevez les feuilles les plus coriaces (celles qui sont vert foncé) et épluchez la tige. Retirez le foin si besoin. Coupez les artichauts en quartiers et recoupez chaque quartier en deux dans le sens de la longueur. Réservez les artichauts dans de l'eau citronnée.

3 Pelez et hachez les échalotes. Hachez la menthe. Dans une poêle, faites revenir les échalotes avec l'huile d'olive.

4 Ajoutez les artichauts, les fèves, les petits pois, du sel, du poivre et 1 petite louche d'eau. Couvrez et faites cuire pendant 20 minutes.

5 Pendant ce temps, mélangez le vinaigre avec le sucre jusqu'à dissolution.

6 2 minutes avant la fin de la cuisson, versez le vinaigre au sucre dans la poêle, laissez s'évaporer, puis ajoutez la menthe hachée et mélangez.

7 Laissez la frittedda refroidir et servez.

Caponata
aubergines siciliennes aigres-douces

POUR 4 PERS. | **PRÉPARATION** 20 MIN | **CUISSON** 30 MIN

INGRÉDIENTS

- 1 kg d'aubergines
- 5 cuil. à soupe huile d'olive extra vierge
- 1 cœur de céleri en branche
- 300 g de tomates cerises
- 2 clous de girofle
- ¾ de cuil. à café de cannelle en poudre
- 2 oignons rouges
- 1 grosse poignée de feuilles de menthe fraîche hachée
- 2 cuil. à soupe de câpres au vinaigre
- 1 cuil. à soupe rase de sucre en poudre
- 2 cuil. à soupe de vinaigre de vin
- 1 poignée de feuilles de basilic
- Sel

PRÉPARATION

1 Coupez les aubergines en dés de 2 cm, faites-les cuire dans une poêle antiadhésive à feu moyen avec 3 cuillerées à soupe d'huile, en remuant souvent. Salez, transférez dans un saladier et réservez.

2 Lavez le céleri et coupez-le en petits dés. Coupez les tomates cerises en deux. Épluchez et émincez finement les oignons.

3 Dans une poêle antiadhésive, fites griller à sec les clous de girofle et la cannelle à feu doux pendant environ 2 minutes en remuant constamment à l'aide d'une cuillère en bois. Ajoutez le reste d'huile et faites-y revenir les oignons. Ajoutez la menthe hachée et mélangez soigneusement.

4 Ajoutez le céleri et laissez cuire pendant 10 minutes.

5 Ajoutez ensuite les aubergines, mélangez bien avant d'incorporer les câpres et les tomates. Laissez cuire 10 minutes à feu doux. Versez sur les légumes le sucre et le vinaigre, et faites cuire encore 2 à 3 minutes à feu doux. Laissez refroidir puis réservez dans un saladier.

6 Servez froid en décorant avec quelques feuilles de basilic.

Á savoir

Avec la caponata, vous pouvez servir du riz blanc, des pâtes ou même une tranche de pain grillée.

Cardons gratinés
au beurre et au parmesan

POUR 4 PERS. | **PRÉPARATION** 20 MIN | **CUISSON** 50 MIN

INGRÉDIENTS

- 1 kg de cardons
- Le jus d'1 citron bio
- 100 g de beurre
- 100 g de parmesan fraîchement râpé
- Sel

PRÉPARATION

1 Épluchez les cardons en supprimant les feuilles et en enlevant les fils (comme pour des côtes de céleri).

2 Coupez-les en morceaux de 5 cm de long et immergez-les au fur et à mesure dans un saladier rempli d'eau citronnée.

3 Faites bouillir dans une casserole 1,5 litre d'eau salée, plongez les cardons pendant environ 30 minutes, puis égouttez-les.

4 Préchauffez le four à 180 °C (th. 6).

5 Beurrez un plat à four et montez les cardons en couches successives, arrosées de beurre fondu et de parmesan.

6 Enfournez pour environ 20 minutes jusqu'à ce que le dessus soit bien doré.

Poêlée de pommes
de terre et artichauts poivrade

POUR 4 PERS. | **PRÉPARATION** 15 MIN | **CUISSON** 25 MIN

INGRÉDIENTS

- 8 artichauts poivrade
- Le jus d'1 citron
- 500 g de pommes de terre
- 1 bouquet de persil plat
- 4 cuil. à soupe d'huile d'olive extra vierge
- 2 gousses d'ail épluchées et dégermées
- 1 louche de bouillon de légumes (voir p. 126) ou d'eau chaude
- Sel, poivre du moulin

PRÉPARATION

1 Préparez les artichauts : enlevez les feuilles les plus coriaces (celles qui sont vert foncé) et épluchez la tige. Coupez 1 cm de pointe. Coupez-les en deux et retirez le foin si besoin, puis plongez-les dans de l'eau citronnée.

2 Pelez les pommes de terre et coupez-les en morceaux de 2 à 3 cm. Coupez les artichauts en quartiers dans le sens de la longueur.

3 Hachez les feuilles de persil et l'ail.

4 Dans une poêle, faites revenir l'ail avec l'huile, puis ajoutez les pommes de terre et les artichauts.

5 Ajoutez le persil, du poivre, du sel, 1 petite louche de bouillon, couvrez et faites cuire pendant 20 minutes environ.

Salade de Pantelleria

POUR 4 PERS. | **PRÉPARATION** 15 MIN | **REPOS** 30 MIN | **CUISSON** 30 MIN

INGRÉDIENTS

- 300 g de pommes de terre
- 150 g de tomates cerises
- 1 oignon rouge
- 10 cl de vinaigre de vin rouge
- 30 g de câpres au sel dessalées
- 50 g d'olives noires de Gaeta ou à défaut taggiasche
- Origan de Pantelleria (si possible)
- 4 cuil. à soupe d'huile d'olive extra vierge
- Sel, poivre du moulin

À savoir

C'est une salade fraîche et parfumée, idéale pour les chaudes journées d'été.

PRÉPARATION

1 Plongez les pommes de terre dans une casserole d'eau froide salée et faites-les cuire pendant environ 30 minutes à partir de l'ébullition.

2 Pendant ce temps, coupez les tomates en quartiers, pelez et émincez l'oignon. Faites tremper l'oignon dans le vinaigre.

3 Pelez les pommes de terre et coupez-les en morceaux.

4 Essorez l'oignon avec les mains.

5 Dans un saladier, mettez les pommes de terre, les tomates, l'oignon, les câpres, les olives, 2 bonnes pincées d'origan, du sel, du poivre et l'huile d'olive.

6 Laissez reposer au frais au moins 30 minutes avant de servir.

Potimarron rôti
avec amandes, romarin et paprika

POUR 4 PERS. | **PRÉPARATION** 10 MIN | **CUISSON** 35 MIN

INGRÉDIENTS

- 3 tiges de romarin
- 1 kg de potimarron bio
- 4 cuil. à soupe d'huile d'olive extra vierge
- 3 bonnes pincées de paprika
- 40 g d'amandes émondées
- 4 gousses d'ail
- Sel, poivre du moulin

Conseil

Si, pendant la cuisson, les amandes se colorent trop, couvrez avec du papier d'aluminium.

PRÉPARATION

1 Préchauffez le four à 180 °C (th. 6).

2 Hachez finement le romarin.

3 Lavez le potimarron, coupez-le en deux sans l'éplucher, enlevez graines et filaments, puis coupez-le en tranches d'environ 1,5 cm.

4 Posez les tranches dans une lèchefrite recouverte de papier sulfurisé. Ajoutez du poivre, du sel, l'huile, le romarin, le paprika, les amandes et les gousses d'ail non pelées.

5 Enfournez pour environ 35 minutes et servez.

Salade de gambas
et mangue

POUR 4 PERS. | **PRÉPARATION** 20 MIN | **CUISSON** 2 MIN

INGRÉDIENTS

- 16 gambas crues
- 1 gousse d'ail pelée et dégermée
- 1 oignon de Tropea ou oignon rouge
- ½ orange
- 1 piment séché
- 4 cuil. à soupe d'huile d'olive extra vierge
- ½ mangue
- 2 avocats
- Le jus d'1 citron bio
- 4 grosses poignées de pousses d'épinards
- Sel, poivre du moulin

PRÉPARATION

1 Retirez la carapace des gambas et enlevez la tête et la queue. À l'aide de la pointe d'un couteau, retirez délicatement la veine tout le long du dos.

2 Hachez l'ail. Pelez et hachez très finement l'oignon. Pressez l'orange.

3 Dans une poêle, faites sauter pendant 2 minutes les gambas avec l'ail, le piment émietté et 2 cuillerées à soupe d'huile.

4 Pelez et émincez finement la mangue et les avocats. Ajoutez un peu de jus de citron sur l'avocat afin qu'il ne noircisse pas.

5 Dans un bol, fouettez l'huile restante avec le jus d'orange, du sel et du poivre.

6 Dans quatre assiettes, lavez et répartissez les épinards, les lamelles de mangue et d'avocat, l'oignon et les gambas.

7 Assaisonnez avec l'huile parfumée à l'orange et servez.

Insalata di rinforzo
salade napolitaine de Noël

POUR 4 PERS. | **PRÉPARATION** 20 MIN | **CUISSON** 8 MIN

INGRÉDIENTS

- 800 g de chou-fleur
- 50 g d'olives vertes
- 50 g d'olives noires de Gaeta ou à défaut taggiasche
- 50 g de cornichons au vinaigre
- 100 g de poivrons au vinaigre
- 4 anchois au sel
- 40 g de câpres au sel dessalées
- 6 cuil. à soupe d'huile d'olive extra vierge
- 2 cuil. à soupe de vinaigre de vin blanc
- Sel

PRÉPARATION

1 Nettoyez le chou-fleur et coupez les fleurettes. Plongez le chou-fleur dans une casserole d'eau bouillante salée pendant 8 minutes, le temps qu'il soit cuit, mais encore ferme (*al dente*). Égouttez et laissez refroidir.

2 Dénoyautez les olives. Coupez les cornichons en morceaux et les poivrons en lanières. Dessalez les anchois sous l'eau.

3 Dans un saladier, mettez le chou-fleur, les olives, les cornichons, les anchois et les câpres.

4 Assaisonnez avec l'huile et le vinaigre. Rectifiez l'assaisonnement si nécessaire (théoriquement le sel contenu dans les olives, les anchois et les câpres devrait suffire). Servez.

Salade de thon frais,
tomates semi-confites et fruits de câprier

POUR 4 PERS. | **PRÉPARATION** 20 MIN | **MARINADE** 30 MIN | **CUISSON** 2 MIN

INGRÉDIENTS

- 350 g de thon frais préalablement décongelé*
- 8 cuil. à soupe d'huile d'olive extra vierge
- 1 tige de thym frais
- 1 gousse d'ail pelée et dégermée
- 3 poignées de roquette
- 3 poignées de mâche
- 16 tomates semi-confites à l'huile (voir p. 228)
- 12 fruits de câprier (câprons)
- 2 cuil. à soupe de vinaigre balsamique IGP
- Sel, poivre du moulin

PRÉPARATION

1 Nettoyez le thon des éventuelles parties gorgées de sang et coupez-le en cubes de 3 x 3 cm. Placez-les dans un saladier, ajoutez 2 cuillerées à soupe d'huile, le thym, du sel et du poivre. Couvrez le saladier de film étirable et réservez au réfrigérateur pendant 30 minutes.

2 Ôtez le thym, puis faites sauter le thon dans une poêle avec 2 cuillerées à soupe d'huile et la gousse d'ail entière, pendant 1 minute de chaque côté.

3 Dans quatre assiettes, répartissez la roquette et la mâche nettoyées, le thon, les tomates et les fruits de câprier.

4 Assaisonnez chaque assiette avec 1 cuillerée à soupe d'huile, ½ cuillerée à soupe de vinaigre balsamique, du sel et du poivre.

*Les sardines, anchois, thon, saumon ne peuvent pas être consommés crus sans avoir été congelés au préalable, pendant une période d'au minimum 3 jours à -20 °C. Ceci pour éviter l'anisakis, un parasite qui vit dans les intestins des poissons et qui passe facilement dans leur chair.

Tomates semi-confites

POUR 4 PERS. | **PRÉPARATION** 10 MIN | **CUISSON** 1 H 30

INGRÉDIENTS

- 500 g de tomates cœur-de-pigeon
- 2 pincées de sucre en poudre
- Thym frais
- Marjolaine fraîche ou origan séché
- Le zeste d'1 citron non traité
- 6 cuil. à soupe d'huile d'olive extra vierge
- Sel, poivre du moulin

PRÉPARATION

1 Préchauffez le four à 150 °C (th. 5).

2 Coupez les tomates en deux, disposez-les sur une plaque recouverte de papier cuisson (côté chair en haut, côté peau en dessous).

3 Assaisonnez avec du sel, du poivre, le sucre, du thym, de la marjolaine, le zeste de citron et une généreuse quantité d'huile d'olive.

4 Enfournez pour 1 h 30. Les tomates doivent un peu sécher, se flétrir, mais rester pulpeuses.

À savoir

Les tomates semi-confites maison sont délicieuses et peuvent être consommées en salade, avec des pâtes, en accompagnement de grillades ou en bruschetta.

Gratin de fenouil

POUR 4 PERS. | **PRÉPARATION** 10 MIN | **CUISSON** 30 MIN

INGRÉDIENTS

- 4 fenouils moyens bien frais
- 40 g de beurre + un peu pour le moule
- 30 g de fécule de maïs
- 50 cl de lait entier
- 3 cuil. à soupe de parmesan râpé
- 1 bonne pincée de noix de muscade
- Sel, poivre du moulin

PRÉPARATION

1 Ôtez les feuilles les plus dures du fenouil puis coupez-le en tranches de 3 cm d'épaisseur et plongez-les dans une casserole d'eau bouillante pendant 10 minutes. Égouttez et réservez.

2 Préchauffez le four à 180 °C (th. 6).

3 Faites fondre le beurre dans une casserole. Hors du feu, ajoutez la fécule de maïs et mélangez afin de bien l'incorporer. Remettez sur le feu. Quand le mélange se colore, versez le lait petit à petit, toujours en remuant pour éviter la formation de grumeaux. Faites cuire pendant 10 minutes à feu doux. Salez, poivrez et ajoutez la pincée de noix de muscade.

4 Beurrez un plat à gratin, transférez les fenouils, recouvrez-les avec la béchamel et saupoudrez le parmesan.

5 Enfournez pour environ 15 minutes afin que le dessus soit légèrement doré. Servez en portions.

Brocolis, anchois, olives

POUR 4 PERS. | **PRÉPARATION** 10 MIN | **CUISSON** 25 MIN

INGRÉDIENTS

- 800 g de brocolis
- 25 olives noires de Gaeta, de Kalamata ou taggiasche
- 8 filets d'anchois à l'huile
- 1 bouquet de persil plat
- 1 gousse d'ail pelée et dégermée
- 12 cl d'huile d'olive extra vierge
- ½ verre de vin blanc sec
- 60 g de chapelure maison
- Gros sel

À savoir

Vous pouvez utiliser cette recette également pour accommoder des orecchiette ou des penne rigate. Un régal !

PRÉPARATION

1 Lavez les brocolis, divisez-les en bouquets, coupez les tiges en tronçons. Puis plongez-les dans une casserole d'eau bouillante salée. Faites-les cuire pendant environ 15 minutes. Égouttez-les, coupez les bouquets en morceaux et réservez.

2 Dénoyautez les olives. Coupez les anchois en morceaux. Hachez les feuilles de persil.

3 Frottez une poêle avec la gousse d'ail écrasée, ajoutez l'huile et faites revenir à feu doux. Dès que l'ail aura légèrement blondi, enlevez-le, versez les anchois et faites-les fondre à feu doux en mélangeant.

4 Ajoutez le persil et le vin blanc. Quand celui-ci sera évaporé, ajoutez les brocolis, les olives et mélangez. Laissez cuire à couvert encore 10 minutes à feu doux.

5 Servez en portions en parsemant sur chaque assiette de la chapelure.

Salade de trévise
tardive au four

POUR 4 PERS. | **PRÉPARATION** 10 MIN | **CUISSON** 30 MIN

INGRÉDIENTS

- 800 g de salade de Trévise tardive
- 4 cuil. à soupe d'huile d'olive extra vierge
- 3 cuil. à soupe de vinaigre balsamique IGP
- Sel, poivre du moulin

PRÉPARATION

1 Préchauffez le four à 180 °C (th. 6).

2 Éliminez la racine de la salade, coupez-la en quartiers, puis transférez-les dans un plat à four avec l'huile d'olive, le vinaigre balsamique, du poivre et du sel.

3 Faites cuire pendant 30 minutes.

4 Servez chaud ou à température ambiante.

Petits pois et pancetta

POUR 4 PERS. | **PRÉPARATION** 10 MIN | **CUISSON** 15 MIN

INGRÉDIENTS

- 1 échalote
- 100 g de pancetta ou de lard fermier
- 30 g de beurre
- 3 cuil. à soupe d'huile d'olive extra vierge
- 500 g de petits pois écossés ou surgelés (ou environ 1 kg avec leurs cosses)
- 1 verre de bouillon végétal
- 1 botte de persil plat
- Sel, poivre du moulin

PRÉPARATION

1 Pelez et émincez l'échalote. Coupez la pancetta en petits dés.

2 Dans une poêle, laissez fondre le beurre avec l'huile, puis faites revenir l'échalote sans trop la faire colorer et la pancetta.

3 Ajoutez les petits pois et le bouillon, du poivre, du sel, le persil, faites cuire pendant environ 15 minutes.

4 Servez en portions. Parsemez de persil ciselé et de feuilles de persil.

Cime di rapa

pousses de navet, ail, huile et piment

POUR 4 PERS. | **PRÉPARATION** 10 MIN | **CUISSON** 30 MIN

INGRÉDIENTS

- 1 kg de pousses de navet avec les fleurs
- 2 gousses d'ail
- 5 cuil. à soupe d'huile d'olive extra vierge
- 1 piment sec
- Sel

PRÉPARATION

1 Nettoyez les pousses de navet : jetez les feuilles externes et les tiges les plus dures. Coupez en petits morceaux les tiges et détachez les petits bouquets.

2 Plongez les pousses de navet dans une casserole d'eau salée bouillante pendant 10 minutes, puis égouttez.

3 Dans une poêle, faites revenir les gousses d'ail entières avec l'huile et le piment émietté.

4 Ajoutez les légumes, du sel, couvrez et laissez cuire pendant 20 minutes à couvert, en mélangeant de temps en temps. Servez bien chaud.

Conseil

Pour plus de gourmandise, vous pouvez ajouter 2 saucisses de Toulouse coupées en tronçons.

Fèves et fines tranches
de guanciale

POUR 4 PERS. | **PRÉPARATION** 10 MIN | **CUISSON** 25 MIN

INGRÉDIENTS

- 2 oignons nouveaux
- 150 g de guanciale ou de lard fermier coupés en fines tranches
- 600 g de fèves (poids net)
- 1 verre de bouillon végétal
- Sel, poivre

PRÉPARATION

1 Pelez les oignons et émincez-les.

2 Dans une poêle antiadhésive, faites revenir à feu doux le guanciale.

3 Ajoutez l'oignon nouveau, les fèves, du sel, du poivre et le bouillon.

4 Faites cuire à couvert à feu moyen pendant 15 minutes en mélangeant de temps en temps.

5 Servez en portions bien chaudes.

Poivrons farcis

POUR 4 PERS. | **PRÉPARATION** 20 MIN | **CUISSON** 30 MIN ENVIRON

INGRÉDIENTS

- 4 poivrons jaunes, verts ou rouges
- 8 filets d'anchois à l'huile
- 40 câpres au sel dessalées (environ 2 à 3 cuil. à soupe)
- 40 olives de Gaeta ou de Taggia (environ 2 à 3 cuil. à soupe)
- Origan sec
- 100 g de chapelure maison
- 8 cuil. à soupe d'huile d'olive extra vierge
- Poivre

À savoir

C'est une savoureuse spécialité de la région de Naples.

PRÉPARATION

1 Préchauffez le four à 180 °C (th. 6).

2 Coupez en deux les poivrons, ôtez les graines et les filaments.

3 Dans chaque moitié de poivron, répartissez : 1 anchois coupé en trois, les câpres, les olives, une belle pincée d'origan, du poivre, la chapelure et 1 cuillerée à soupe d'huile.

4 Transférez dans un plat à four et faites cuire pendant environ 30 minutes. Les poivrons devront être encore un peu fermes.

5 Servez chaud ou à température ambiante avec une viande ou un poisson grillé.

Tomates gratinées

POUR 4 PERS. | **PRÉPARATION** 15 MIN | **CUISSON** 15 MIN

INGRÉDIENTS

- 4 tomates bien mûres et fermes
- 1 poignée de feuilles de basilic
- Quelques feuilles de menthe fraîche
- 1 belle poignée de persil plat
- 100 g de chapelure maison
- 50 g de pecorino romano râpé
- 5 cuil. à soupe d'huile d'olive extra vierge
- Sel, poivre du moulin

PRÉPARATION

1 Préchauffez le four à 200 °C (th. 6-7).

2 Coupez les tomates en deux dans le sens de la largeur et enlevez les graines. Hachez le basilic, la menthe et le persil.

3 Dans un saladier, versez les herbes, la chapelure, le fromage, du sel et du poivre.

4 Placez les tomates dans un plat allant au four et répartissez la farce dans les tomates.

5 Arrosez avec l'huile et enfournez pour 15 minutes.

6 Dégustez les tomates chaudes, tièdes ou à température ambiante.

Zucchine a scapece
courgettes aigres-douces comme à Naples

POUR 4 PERS. | **PRÉPARATION** 20 MIN | **REPOS** 1 H 30 | **CUISSON** 20 MIN

INGRÉDIENTS

- 6 courgettes moyennes bien fermes
- 2 gousses d'ail épluchées et dégermées
- 1 l d'huile de tournesol pour la friture
- 2 poignées de feuilles de menthe fraîche
- 20 cl de vinaigre de vin blanc ou de vinaigre de cidre
- Gros sel
- Sel

PRÉPARATION

1 Lavez les courgettes et coupez les extrémités, puis émincez-les en tranches d'environ 3 mm. Salez-les avec du gros sel, posez-les dans une passoire pour les faire dégorger pendant 30 minutes.

2 Rincez les courgettes et séchez-les soigneusement. Hachez les gousses d'ail.

3 Faites chauffer l'huile à 170 °C (si vous n'avez pas de thermomètre, vous pouvez plonger le manche d'une cuillère en bois : quand de petites boules se forment autour, c'est la bonne température).

4 Plongez 4 à 5 tranches de courgette à la fois et faites cuire pendant environ 6 minutes, égouttez-les et posez-les sur du papier absorbant. Salez avec modération.

5 Dans un plat en verre (ou en céramique), déposez les courgettes, l'ail et les feuilles de menthe lavées et bien égouttées. Versez le vinaigre.

6 Couvrez avec du film étirable et laissez reposer 1 heure au minimum au réfrigérateur.

Á savoir

Vous pouvez déguster ces courgettes avec de la viande rôtie ou du poisson, mais aussi seules en entrée. Vous pouvez préparer des aubergines de la même façon.

Salade sicilienne d'oranges
et oignons

POUR 4 PERS. | **PRÉPARATION** 20 MIN | **REPOS** 10 MIN

INGRÉDIENTS

- 1 petit oignon (ou 1 poireau)
- 6 oranges sanguines
- 1 belle poignée de feuilles de persil hachées
- 4 cuil. à soupe d'huile d'olive extra vierge
- Sel, poivre du moulin

PRÉPARATION

1 Pelez et émincez finement l'oignon.

2 Pelez les oranges à vif, en ôtant la peau blanche et coupez-les en tranches d'environ 0,5 cm ; étalez-les dans un plat.

3 Ajoutez l'oignon, le persil, l'huile, du sel et du poivre.

4 Laissez reposer pendant 10 minutes et servez.

À savoir

Cette recette sicilienne est servie avec du pot-au-feu ou des viandes grasses.

Pommes de terre
et champignons au four

POUR 4 PERS. | **PRÉPARATION** 20 MIN | **TREMPAGE** 30 MIN | **CUISSON** 1 H 10

INGRÉDIENTS

- 600 g de pommes de terre farineuses
- 200 g de pleurotes
- 1 gousse d'ail pelée
- 1 botte de persil
- Beurre
- 50 g pecorino romano râpé
- 50 g de chapelure maison
- 6 cuil. à soupe d'huile d'olive extra vierge
- Sel

PRÉPARATION

1 Pelez et coupez les pommes de terre en lamelles d'environ 5 mm d'épaisseur et plongez-les dans un saladier rempli d'eau pendant 30 minutes.

2 Pendant ce temps, lavez les champignons, coupez-les en tranches et faites-les sauter dans une poêle avec la gousse d'ail écrasée et 2 tiges de persil. Faites cuire à feu moyen pendant 5 minutes, éteignez le feu, salez et mélangez.

3 Hachez les feuilles de persil. Égouttez les pommes de terre et tamponnez-les avec un torchon pour les essuyer.

4 Préchauffez le four à 170 °C (th. 5-6). Beurrez un plat à four de 18 cm de diamètre et 6 cm de hauteur.

5 Disposez successivement 1 couche de pommes de terre, du sel, des champignons, du persil, du pecorino, de la chapelure et 2 cuillerées à soupe d'huile. Renouvelez l'opération trois fois.

6 Enfournez pour 1 heure, puis Servez en portions.

Salade de puntarelle
à la romaine

POUR 4 PERS. | **PRÉPARATION** 20 MIN | **TREMPAGE** 30 MIN

INGRÉDIENTS

- 1 salade puntarella de 1 kg
- 2 cuil. à soupe de vinaigre blanc
- 6 cuil. à soupe d'huile d'olive extra vierge
- ¼ de gousse d'ail épluchée et dégermée
- Piment sec
- 8 filets d'anchois à l'huile

PRÉPARATION

1 Éliminez les feuilles les plus fibreuses de la puntarella (ne les jetez pas*). Ne conservez que le cœur vert. Coupez le cœur dans le sens de la longueur en tranches de 0,5 cm puis en lamelles de 2 à 3 mm. Lavez-les.

2 Placez la puntarella dans un saladier rempli d'eau froide et de glaçons pendant au moins 30 minutes. L'eau glacée enlèvera une partie de leur amertume, les feuilles vont friser.

3 Pendant ce temps, mixez à l'aide d'un mixeur plongeant le vinaigre, l'huile, l'ail, un peu de piment et les anchois. Vous devez obtenir une émulsion homogène.

4 Passez la puntarella dans une essoreuse à salade et déposez-la dans un saladier. Arrosez la puntarella avec l'émulsion et mélangez. Servez en portions.

* Les feuilles extérieures peuvent être consommées revenues à la poêle avec un peu d'huile, la gousse d'ail entière et un peu de piment.

Poivronade italienne

POUR 4 PERS. | **PRÉPARATION** 15 MIN | **CUISSON** 30 MIN

INGRÉDIENTS

- 4 poivrons bien gros (2 rouges,1 jaune et 1 vert ou 2 jaunes, 1 rouge et 1 vert)
- 300 g de tomates fraîches ou 1 boîte de 300 g de tomates concassées
- 2 oignons de Tropea* ou à défaut un oignon rouge moyen
- 2 cuil. à soupe d'huile d'olive extra vierge
- Sel, poivre du moulin

PRÉPARATION

1 Coupez en deux les poivrons, ôtez les graines et les filaments et coupez-les en morceaux d'environ 3 cm. Coupez en morceaux les tomates fraîches.

2 Pelez et émincez les oignons et faites-les revenir dans l'huile dans une poêle. Dès qu'ils colorent, ajoutez les poivrons, mélangez quelques instants avant d'y verser les tomates.

3 Ajoutez du sel, du poivre et faites cuire pendant environ 20 minutes.

4 Servez chaud ou à température ambiante.

* L'oignon de Tropea se trouve dans les épiceries fines italiennes. C'est un oignon originaire de la Calabre à la chair douce et sucrée. Il peut être consommé cuit ou cru.

Panzanella salade de pain et crudités de Toscane

POUR
4 PERS.

PRÉPARATION
20 MIN

INGRÉDIENTS

- 4 cuil. à soupe de vinaigre de vin blanc
- 15 cl d'huile d'olive extra vierge + 1 filet
- 400 g de pain de campagne rassis ou grillé
- 2 oignons nouveaux
- 2 petits concombres
- 2 branches de céleri
- 600 g de tomates cerises bien mûres
- 60 g de câpres au sel dessalées
- 4 cuil. à soupe d'olives taggiasche
- 1 beau bouquet de basilic
- Sel, poivre du moulin

PRÉPARATION

1 Dans un bol, mélangez 25 cl d'eau, la moitié du vinaigre, 10 cl d'huile, du sel et du poivre.

2 Coupez le pain en petits morceaux (environ 2 x 2 cm), disposez-les au fond d'un saladier et versez cette sauce. Laissez reposer pendant 5 minutes, puis émiettez le pain.

3 Pelez et émincez les oignons, coupez les légumes en petits morceaux.

4 Ajoutez dans le saladier contenant le pain les câpres, les olives, l'huile et le vinaigre restants, du sel et du poivre.

5 Deposez les légumes sur le pain avec les feuilles de basilic déchirées à la main.

6 Au moment de servir, poivrez et arrosez avec 1 filet d'huile d'olive.

Á savoir

Vous pouvez préparer cette salade à l'avance, elle n'en sera que meilleure !

Melanzane alla parmigiana

aubergines à la mode de Parme

POUR 4 PERS. | **PRÉPARATION** 20 MIN | **REPOS** 30 MIN | **CUISSON** 1 H 20

INGRÉDIENTS

- 700 g d'aubergines de taille moyenne coupées en tranches de 5 mm environ
- 350 g de mozzarella
- 1 gousse d'ail pelée et dégermée
- 2 cuil. à soupe d'huile d'olive extra vierge + 1 filet
- 50 cl de coulis de tomates de qualité
- 1 botte de basilic frais
- 100 g de parmesan fraîchement râpé
- 2 l d'huile d'arachide pour la friture
- 150 g de farine
- Gros sel
- Sel

PRÉPARATION

1 Recouvrez les tranches d'aubergine degros sel, faites-les dégorger pendant 30 minutes dans une passoire avec un poids dessus. Coupez la mozzarella en dés et faites-les égoutter dans une passoire.

2 Faites rissoler dans une poêle la gousse d'ail entière dans l'huile d'olive puis ajoutez le coulis de tomates, salez. Ajoutez une poignée de feuilles de basilic grossièrement déchirées à la main et faites cuire pendant environ 20 minutes à feu doux. Éteignez le feu, salez et ajoutez encore quelques feuilles. Réservez.

3 Rincez les aubergines et séchez-les. Versez la farine dans une assiette plate. Faites chauffer l'huile d'arachide à 170 °C.Passez les aubergines dans la farine et secouez-les pour éliminer l'excédent. Plongez les tranches dans le bain de friture et faites-les dorer pendant environ 6 minutes en les retournant de temps en temps. Égouttez-les et posez-les sur du papier absorbant. Salez.

4 Préchauffez le four à 190 °C (th. 6-7). Dans un plat à gratin, mettez 2 cuillerées à soupe de sauce tomate, une couche d'aubergines frites, de la mozzarella et une fine couche de parmesan. Recommencez l'opération. Terminez le montage avec la mozzarella et le parmesan. Versez 1 filet d'huile et enfournez pour environ 30 minutes

Á savoir

En alternative (mais c'est moins gourmand !) ce plat peut être réalisé avec des aubergines grillées. Cette recette peut être dégustée chaude ou froide. Elle est aussi excellente le lendemain.

Salade de figues et pecorino

POUR 4 PERS. | **PRÉPARATION** 20 MIN

INGRÉDIENTS

- 100 g de pecorino romano ou de parmesan affiné pendant 24 mois
- 2 poignées de cerneaux de noix
- 8 figues vertes
- 1 laitue
- 100 g de roquette
- 4 cuil. à soupe d'huile d'olive extra vierge
- Sel, poivre du moulin

PRÉPARATION

1 Coupez le pecorino en dés, concassez grossièrement les noix.

2 Pelez les figues et coupez-les en quartiers.

3 Lavez la laitue et coupez les feuilles en quatre, puis mettez-les dans un saladier avec la roquette, les noix et le pecorino.

4 Assaisonnez avec l'huile, du poivre et du sel, puis décorez avec les figues. Servez en portions.

Pêches, roquette, amandes et mozzarella

POUR 4PERS. | **PRÉPARATION** 15 MIN | **CUISSON** 10 MIN

INGRÉDIENTS

- 1 poignée d'amandes émondées
- 2 pêches jaunes
- 100 g de tomates cœur-de-pigeon
- 150 g de mozzarella de bufflonne
- 150 g de roquette
- 4 cuil. à soupe d'huile d'olive extra vierge
- Le jus d'1 citron bio
- Sel, poivre du moulin

PRÉPARATION

1 Grillez les amandes dans une poêle antiadhésive sans matière grasse, en remuant en permanence.

2 Coupez les pêches en deux sans les peler et émincez-les. Gardez leur jus que vous réserverez dans un bol. Coupez en deux les tomates. Effilochez la mozzarella.

3 Dans un saladier, mettez les tomates, la roquette et la mozzarella.

4 Dans le bol avec le jus de pêche, fouettez l'huile avec du sel, le jus du citron, du poivre, puis assaisonnez les légumes et la mozzarella.

5 Dans un plat de service, placez la salade assaisonnée, puis disposez les tranches de pêche et finissez avec les amandes. Servez.

Salade de roquette, amandes et fraises

POUR 4 PERS. | **PRÉPARATION** 20 MIN | **CUISSON** 10 MIN

INGRÉDIENTS

- 2 cuil. à soupe d'amandes pelées
- 150 g de fraises
- 200 g de fromage de chèvre frais
- 150 g de roquette
- 4 cuil. à soupe d'huile d'olive extra vierge
- 4 cuil. à soupe de vinaigre balsamique IGP
- Sel, poivre du moulin

PRÉPARATION

1. Grillez les amandes dans une poêle antiadhésive sans matière grasse.
2. Lavez et émincez les fraises.
3. Coupez le fromage en petits morceaux.
4. Dans un saladier, mettez la roquette, les fraises, les amandes grillées, le fromage.
5. Assaisonnez avec l'huile, du poivre, du sel et le vinaigre balsamique. Servez en portions.

Haricots, sauge et tomates

POUR 4 PERS. | **PRÉPARATION** 20 MIN | **CUISSON** 50 MIN

INGRÉDIENTS

- 1 carotte
- 1 oignon
- 1 kg d'haricots cocos roses frais à écosser (ou 500 g écossés)
- 1 branche de céleri
- 1 gousse d'ail pelée et dégermée
- 3 cuil. d'huile d'olive extra vierge
- 400 g de tomates concassées en boîte ou de tomates fraîches en saison
- 5 feuilles de sauge fraîche
- Sel, poivre du moulin

PRÉPARATION

1 Grattez la carotte et pelez l'oignon.

2 Écossez les haricots, puis placez-les dans un faitout, ajoutez la carotte, l'oignon et le céleri épluchés et entiers.

3 Couvrez à hauteur d'eau froide et faites-les cuire pendant 30 minutes. Salez à mi-cuisson.

4 Dans un faitout, faites revenir l'ail entier avec l'huile, ajoutez les haricots égouttés (sans les légumes de cuisson), mélangez pendant quelques instants, puis ajoutez les tomates, la sauge, du sel et du poivre.

5 Couvrez et laissez cuire à feu doux pendant environ 20 minutes. Servez bien chaud.

Aubergines, tomates,
persil, câpres

POUR 4 PERS. | **PRÉPARATION** 10 MIN | **CUISSON** 15 MIN

INGRÉDIENTS

- 1 bouquet de persil plat
- 1 gousse d'ail pelée et dégermée
- 600 g d'aubergines
- 3 cuil. à soupe d'huile d'olive extra vierge
- 2 cuil. à soupe de câpres au vinaigre
- 1 cuil. à soupe de concentré de tomate
- Sel, poivre du moulin

PRÉPARATION

1 Hachez les feuilles de persil avec l'ail.

2 Nettoyez et coupez les aubergines en petits dés (1 cm), puis faites-les revenir dans une poêle pendant 3 minutes avec l'huile bien chaude en mélangeant.

3 Ajoutez les câpres, le concentré de tomate dilué dans un demi-verre d'eau chaude, du sel, du poivre et continuez à cuire à feu vif en mélangeant continuellement de 5 à 8 minutes.

4 Ajoutez le persil et l'ail 2 minutes avant la fin de la cuisson. Servez en portions.

Dolci

Crème au mascarpone

POUR 4 À 6 PERS. | **PRÉPARATION** 20 MIN

INGRÉDIENTS

- 2 œufs moyens
- 2 cuil. à soupe de sucre semoule
- 250 g de mascarpone
- 3 cuil. à soupe de rhum ambré
- 12 langues de chat

PRÉPARATION

1 Séparez les blancs d'œufs des jaunes. Versez le sucre dans le saladier contenant les jaunes d'œufs et fouettez jusqu'à ce que le mélange blanchisse et double de volume. Incorporez le mascarpone et le rhum.

2 Montez les blancs en neige très ferme. Incorporez délicatement les blancs à la préparation au mascarpone. Servez en portions avec les langues de chat.

Á savoir

Cette variante du tiramisu est un délice et est très rapide à faire !
Vous pouvez utiliser cette crème pour fourrer le gâteau de Noël appelé Pandoro ou en accompagnement de la sbrisolona (voir p. 274).

Tiramisu

POUR 4 À 6 PERS. | **PRÉPARATION** 20 MIN | **REPOS** 2 H

INGRÉDIENTS

- 3 œufs
- 60 g de sucre semoule
- 250 g de mascarpone
- 3 cuillerées de rhum ambré (facultatif)
- 130 g de biscuit à la cuillère
- 15 cl de café expresso serré tiède
- 2 cuillères à soupe de cacao amer en poudre

PRÉPARATION

1 Séparez les blancs d'œufs des jaunes. Versez le sucre dans le saladier contenant les jaunes d'œufs et fouettez jusqu'à ce que le mélange blanchisse et double de volume. Incorporez le mascarpone et le rhum.

2 Trempez rapidement les biscuits dans le café, puis disposez-les dans un plat rectangulaire. Étalez la moitié de la crème au mascarpone sur une couche de biscuits.

3 Recouvrez d'une seconde couche de biscuits trempés dans le café, puis à nouveau de crème. Réservez au réfrigérateur pendant 2 heures. Saupoudrez de cacao et servez.

À savoir

Dégustez le tiramisu dans les 24 heures.

Tarte sbrisolona crumble au maïs et amandes de Mantoue

POUR 4 À 6 PERS. | **PRÉPARATION** 20 MIN | **CUISSON** 50 MIN

INGRÉDIENTS

- 100 g d'amandes pelées
- 120 g de sucre semoule
- 100 g de fécule de maïs très fine
- 200 g de farine ordinaire (T55)
- Le zeste d'1 beau citron jaune bio
- 1 jaune d'œuf
- 120 g de beurre à température ambiante + un peu pour le moule
- 100 g d'amandes mondées + 20 g non pelées
- Sel

PRÉPARATION

1 Torréfiez les amandes à 150 °C (th. 5) pendant 10 minutes.

2 Préchauffez le four à 180 °C (th. 6). Mixez assez grossièrement les amandes torréfiées avec 2 cuillerées à soupe de sucre (prélevées sur la dose indiquée).

3 Dans un saladier, mélangez le reste du sucre, les deux farines, les amandes hachées, 1 pincée de sel et le zeste de citron, jusqu'à obtenir un ensemble homogène. Ajoutez le jaune d'œuf, puis le beurre et travaillez du bout des doigts jusqu'à obtenir une sorte de crumble avec des grumeaux de la taille d'une noisette.

4 Étalez cette pâte à la main dans un moule à tarte beurré. Parsemez les amandes entières non pelées et faites cuire de 30 à 40 minutes. Si, au bout de 20 minutes, les amandes brunissent, couvrez avec du papier aluminium. La pâte doit dorer.

5 Dégustez cette tarte tiède ou froide, seule ou avec de la crème au mascarpone (voir p. 272).

À savoir

Cette tarte est une spécialité de la ville de Mantoue, en Lombardie. L'origine est très ancienne et le nom dérive de brise *qui, dans le dialecte de Mantoue, signifie « briser ». Il est recommandé de la briser avec les mains, car au couteau elle s'émiette. Elle sera plus savoureuse le lendemain, conservée dans une boîte en fer hermétique.*

Baci di dama

baisers de dame

POUR 40 BACI ENVIRON | **PRÉPARATION** 20 MIN | **REPOS** 1 H | **CUISSON** 20 MIN

INGRÉDIENTS

- 200 g de noisettes si possible IGP du Piémont
- 150 g de sucre semoule
- 150 g de farine tamisée
- La pointe d'un couteau de vanille en poudre
- 100 g de beurre demi-sel froid
- 100 g de chocolat noir à 70 % de cacao
- Sel

À savoir

*Les baci se gardent jusqu'à une semaine dans une boîte hermétique. Il s'agit d'une spécialité du Piémont : deux biscuits qui représentent deux lèvres de femme (*baci di dama*) qui contiennent du chocolat.*

PRÉPARATION

1 Torréfiez les noisettes dans le four préchauffé à 180 °C (th. 6) pendant 15 minutes. Elles doivent être dorées. Mixez-les avec la moitié du sucre par à-coups, pour éviter que les noisettes ne relâchent leur huile.

2 Dans le robot, mélangez avec la feuille les noisettes mixées, le sucre restant, la farine, 1 pincée de sel, la vanille et le beurre coupé en morceaux jusqu'à obtenir un mélange homogène.

3 Prélevez de petits morceaux de pâte et façonnez, entre les paumes des mains, de petites boules d'1 cm de diamètre environ. Déposez-les sur une plaque de cuisson recouverte de papier cuisson. Laissez reposer pendant 1 heure au congélateur.

4 Préchauffez le four à 140 °C (th. 4-5), puis enfournez pour 20 minutes. Les baci ne doivent pas brunir. Laissez refroidir.

5 Faites fondre le chocolat. Quand il est légèrement figé, déposez du chocolat sur la moitié des biscuits à l'aide d'une cuillère et recouvrez avec un biscuit non garni.

6 Laissez reposer pour que les biscuits figent et dégustez.

Tarte au sabayon, chantilly et groseilles

POUR 4 À 6 PERS. | **PRÉPARATION** 30 MIN | **REPOS** 2 H | **CUISSON** 40 MIN

INGRÉDIENTS

- 20 cl de crème fleurette à 30 % de M. G. au minimum
- 10 petits bouquets de groseilles

Pour la pâte :

- 200 g de farine + un peu pour le moule
- 80 g de sucre semoule
- Le zeste d'1 citron bio
- 110 g de beurre + un peu pour le moule
- 2 jaunes d'œufs
- Sel
- Ou 1 rouleau de pâte brisée

Pour le sabayon :

- 4 jaunes d'œufs
- 5 cuil. à soupe de sucre semoule
- 7 cuil. à soupe de marsala
- 3 feuilles de gélatine

PRÉPARATION

1 Préparez la pâte. Mélangez la farine, le sucre, le sel, le zeste de citron et le beurre jusqu'à obtenir une pâte sableuse. Ajoutez les jaunes d'œufs et mélangez rapidement jusqu'à obtenir une pâte lisse et homogène. Abaissez entre deux feuilles de papier cuisson légèrement farinées, transférez-la dans un moule de 24 cm de diamètre légèrement beurré et fariné et laissez reposer au réfrigérateur pendant 30 minutes.

2 Préparez le sabayon. Fouettez les jaunes d'œufs avec le sucre dans un bain-marie frémissant. Toujours en fouettant, ajoutez le marsala (1 cuillerée à la fois) et continuez à fouetter jusqu'à ce que la préparation soit mousseuse (elle doit doubler, voire tripler de volume). Il faudra environ 10 minutes. Intégrez la gélatine réhydratée et essorée. Laissez refroidir à température ambiante.

3 Préchauffez le four à 190 °C (th. 6-7). Montez la crème fleurette en chantilly et incorporez-la délicatement au sabayon refroidi.

4 Enfournez pour 20 minutes le fond de tarte, puis laissez refroidir complètement et ôtez le papier cuisson. Versez le sabayon à la chantilly dans le fond de tarte et laissez reposer au moins 1 h 30 au réfrigérateur. Sortez du réfrigérateur, décorez avec les groseilles et servez.

Á savoir

Si vous souhaitez rendre imperméable le fond de votre tarte, vous pouvez le badigeonner à mi-cuisson d'un blanc d'œuf.

Tarte à la marmelade de griottes, aux amaretti et amandes

POUR 4 À 6 PERS. | **PRÉPARATION** 15 À 30 MIN | **REPOS** 30 MIN | **CUISSON** 40 MIN

INGRÉDIENTS

Pour la pâte :

- 200 g de farine
- 100 g de sucre semoule
- Le zeste d'1 gros citron bio
- 100 g de beurre
- 1 jaune d'œuf
- Sel
- Ou 1 rouleau de pâte brisée

Pour la garniture :

- 250 g de pommes
- 2 cuil. à soupe de vin blanc sec
- 100 g d'amandes émondées
- 100 g de biscuits amaretti
- 450 g de marmelade de griottes

PRÉPARATION

1 Préparez la pâte. Mélangez la farine, le sucre, le sel, le zeste de citron et le beurre coupé en morceaux jusqu'à obtenir une pâte sableuse. Ajoutez le jaune d'œuf et mélangez à nouveau, rapidement, jusqu'à obtenir une pâte lisse et homogène. Formez une boule et couvrez de film étirable. Laissez reposer au réfrigérateur pendant au moins 30 minutes.

2 Pelez et coupez les pommes en petits morceaux. Placez-les dans une casserole, faites-les cuire avec le vin blanc jusqu'à ce que l'ensemble soit devenu une purée assez sèche. Laissez refroidir.

3 Hachez les amandes grossièrement et émiettez les amaretti. Dans un saladier, mettez la marmelade de griottes, les pommes, les amandes et la moitié des amaretti. Préchauffez le four à 180 °C (th. 6). Abaissez deux tiers du pâton sur une épaisseur d'environ 3 mm entre deux feuilles de papier sulfurisé. Enroulez sur le rouleau un peu fariné puis déroulez dans un moule d'environ 24 cm de diamètre. Faites bien adhérer les bords puis, repassez le rouleau sur le dessus pour découper l'excédent.

4 Saupoudrez le fond de la tarte avec les amaretti restants et répartissez le mélange griottes/amaretti/pommes. Avec la pâte restante, découpez des rubans d'1 cm de largeur et posez-les en diagonale sur la confiture en croisillons. Enfournez pour 40 minutes, puis laissez refroidir et servez en portions.

Zaeti biscuits vénitiens à la semoule de maïs

POUR 20 BISCUITS ENVIRON | **PRÉPARATION** 15 MIN | **CUISSON** 20 MIN ENVIRON

INGRÉDIENTS

- 70 g de raisins secs
- 110 g de beurre fondu
- Le zeste d'1 citron jaune non traité
- 3 jaunes d'œufs
- 100 g de sucre semoule
- 150 g de semoule de maïs fine (à polenta)
- 150 g de farine de blé T55
- ½ cuil. à café de levure chimique
- 30 g de pignons de pin
- 40 g de sucre glace ou vanillé
- Sel

PRÉPARATION

1 Dans un bol, immergez les raisins secs dans de l'eau chaude. Dans un saladier, battez les jaunes d'œufs avec le sucre jusqu'à ce que le mélange blanchisse et gonfle.

2 Dans un autre récipient, mélangez la semoule de maïs, la farine de blé, la levure, 1 pincée de sel et le zeste du citron râpé. Ajoutez ces ingrédients aux œufs battus, mélangez, puis intégrez le beurre fondu, les pignons, les raisins égouttés et mélangez encore.

3 Travaillez le mélange délicatement (s'il est trop dur, ajoutez un peu de lait) et formez une boule. Laissez reposer au réfrigérateur. Préchauffez le four à chaleur tournante à 170 °C (th. 5-6). Avec la pâte, formez des boudins de 5 cm de diamètre, coupez-les en biseau tous les 7 cm. Posez les biscuits à 2 cm les uns des autres sur la plaque du four recouverte de papier sulfurisé.

4 Enfournez pour environ 20 minutes jusqu'à ce qu'ils soient à peine colorés. Sortez les biscuits du four, laissez-les tiédir, puis parsemez de sucre glace. Dégustez tièdes ou froids.

Délice chaud-froid
au chocolat et sabayon

POUR 4 À 6 PERS. | **PRÉPARATION** 30 MIN | **REPOS** 3 H | **CUISSON** 15 MIN

INGRÉDIENTS

Pour les mini-délices :

- 100 g d'amandes émondées
- 200 g de beurre pommade
- 1 œuf
- 200 g de sucre glace
- 1 cuil. à soupe de rhum ambré (facultatif)
- 75 g de cacao
- 100 g de biscuits type petits-beurre, mixés

Pour le sabayon :

- 1 jaune d'œuf
- 2 cuil. à soupe de sucre semoule
- 2 cuil. à soupe de marsala

PRÉPARATION

1 Plongez les amandes dans une tasse d'eau bouillante pendant environ 10 minutes, puis pelez-les et hachez-les finement.

2 Travaillez avec le fouet du robot le beurre jusqu'à ce qu'il devienne mousseux, puis ajoutez l'œuf et continuez à fouetter jusqu'à incorporation complète. Ajoutez le sucre glace, les biscuits le rhum, le cacao et les amandes. Mélangez soigneusement à l'aide d'une spatule, puis versez la préparation dans un moule à cake chemisé de papier cuisson. Laissez reposer au réfrigérateur pendant au moins 3 heures.

3 Après 2 h 45, préparez le sabayon. Fouettez, dans un bain-marie frémissant, le jaune d'œuf avec le sucre, incorporez le marsala en deux fois.

4 Continuez à fouetter jusqu'à ce que la préparation soit gonflée et mousseuse. (Elle doit doubler, voire tripler de volume.) Il faudra environ 10 minutes.

5 Démoulez le gâteau au chocolat, posez-le sur un plat de service, nappez-le avec le sabayon et coupez en tranches.

Cassata sicilienne
dans des verres

POUR 4 VERRES | **PRÉPARATION** 30 MIN | **REPOS** 2 H

INGRÉDIENTS

- 300 g de ricotta de brebis ou de vache bien égouttée
- 40 g de sucre glace
- 1 bonne pincée de cannelle
- 3 cuil. à soupe d'eau de fleur d'oranger
- 40 g de pistaches
- 30 g de chocolat noir haché
- 20 g d'écorces de citron confit de bonne qualité
- 20 g d'écorces d'orange confite de bonne qualité
- 4 biscuits boudoir
- 20 g de chocolat noir en copeaux

PRÉPARATION

1 Mélangez la ricotta avec le sucre, la cannelle et 1 cuillerée à soupe de fleur d'oranger.

2 Ajoutez 30 g de pistaches, le chocolat noir haché, les écorces de citron et d'orange confits coupées en petits dés. Divisez la crème de ricotta en 4 portions.

3 Dans une assiette creuse, mélangez l'eau de fleur d'oranger restante et 4 cuillerées à soupe d'eau. Imbibez rapidement les biscuits boudoir.

4 Dans le fond de chaque verrine, posez 1 demi-boudoir, de la crème à la ricotta, 1 autre demi-biscuit et encore une couche de crème. Gardez au frais au moins 2 heures.

5 Servez avec quelques copeaux de chocolat et quelques pistaches.

Á savoir

Vous pouvez préparer ces verrines la veille et les décorer à la dernière minute : elles n'en seront que meilleures.
La cassata est un gâteau originaire de la Sicile à base de ricotta, de pâte d'amandes, de génoise et de fruits confits ; elle est préparée pour les fêtes pascales. Ici une version plus simple mais très savoureuse.

Cantucci à ma façon
biscuits de Toscane

POUR 40 CANTUCCI ENVIRON | **PRÉPARATION** 15 MIN | **CUISSON** 40 MIN | **REPOS** 5 MIN

INGRÉDIENTS

- 5 œufs (300 g)
- 350 g de sucre semoule
- 500 g de farine
- 1 gousse de vanille
- Le zeste d'1 citron bio
- 400 g d'amandes avec la peau
- Sel

À savoir

Ces biscuits sont traditionnellement accompagnés par du vino santo, un vin doux toscan.

PRÉPARATION

1 Préchauffez le four à 180 °C (th. 6).

2 Séparez les blancs des jaunes d'œufs. Montez les blancs en neige.

3 Dans un saladier, mélangez les jaunes avec le sucre sans les monter, ajoutez la farine, 1 pincée de sel, les graines de la gousse de vanille, le zeste de citron et les amandes entières. Enfin, incorporez les blancs montés en neige.

4 Façonnez des boudins d'une largeur d'environ 3 cm. Si le mélange est collant, humidifiez vos mains. Disposez les boudins sur deux plaques recouvertes de papier sulfurisé et enfournez pour 30 minutes en les retournant une fois.

5 Laissez refroidir quelques minutes avant de découper les biscuits en diagonale en tranches d'environ 1 cm d'épaisseur.

6 Baissez la température du four à 160 °C (th. 5-6) et continuez la cuisson pendant 10 minutes. Les cantucci durciront en se refroidissant.

Délice amande-citron
et ses fraises

POUR 4 PERS. | **PRÉPARATION** 20 MIN | **CUISSON** 1 H

INGRÉDIENTS

- 1½ gros citron bio
- 60 g d'amandes émondées
- 2 œufs
- 75 g de sucre semoule
- 30 g de beurre
- Farine pour le moule
- 250 g de fraises
- Sucre glace pour décorer
- Quelques feuilles de menthe

PRÉPARATION

1 Faites bouillir dans une casserole 1 citron pendant 5 minutes. Répétez cette opération deux fois en changeant l'eau à chaque fois. La dernière fois, laissez-le bouillir 30 minutes. Laissez refroidir. Éliminez les pépins et mixez le citron (le zeste et la pulpe). Réservez.

2 Préchauffez le four à 180 °C (th. 6). Hachez les amandes grossièrement. Séparez les blancs des jaunes d'œufs. Montez les jaunes avec 30 g de sucre, ajoutez le citron et les amandes.

3 Montez les blancs en neige avec 30 g de sucre et incorporez-les aux jaunes délicatement en effectuant un mouvement de haut en bas, afin de soulever le dessous du mélange pour l'amener sur le dessus. Remplissez 4 moules individuels beurrés et farinés de ce mélange et enfournez pour environ 20 minutes. Sortez les moules du four et laissez tiédir.

4 Équeutez les fraises et coupez-les en quartiers. Saupoudrez avec le sucre restant et arrosez avec le jus du ½ citron. Réservez.

5 Dans chaque assiette, placez un délice citron-amande dans sa coupelle, saupoudré de sucre glace et garni d'¼ des fraises et de 2 à 3 feuilles de menthe.

Strudel di mele

strudel aux pommes

POUR 4 À 6 PERS. | **PRÉPARATION** 20 MIN | **REPOS** 30 MIN | **CUISSON** 40 MIN

INGRÉDIENTS

- 250 g de farine
- 1 œuf
- 100 g de sucre semoule
- 80 g de beurre
- 80 g de raisins secs
- 1 kg de pommes reinette
- 2 pincées de cannelle
- Le zeste d'1 citron non traité
- 1 cuil. à soupe de sucre glace
- Sel

PRÉPARATION

1 Versez la farine et 1 pincée de sel dans un saladier, incorporez l'œuf, 50 g de sucre, 40 g de beurre mou et 5 cl d'eau. Pétrissez la pâte jusqu'à ce qu'elle soit lisse et élastique et laissez reposer pendant 30 minutes.

2 Pendant ce temps, réhydratez les raisins dans un bol d'eau chaude, pelez et émincez les pommes.

3 Préchauffez le four à 180 °C (th. 6). Étalez la pâte sur une épaisseur de 3 mm sur un torchon propre. Ajoutez successivement, en laissant libre un pourtour de 3 cm : les pommes, la cannelle, les raisins égouttés, le zeste de citron et le sucre restant. Arrosez avec le beurre restant préalablement fondu.

4 Enroulez la pâte sur elle-même en vous aidant du torchon, formez un fer à cheval et repliez les extrémités au-dessous pour que la garniture ne s'échappe pas pendant la cuisson. Disposez le strudel dans un plat à four et enfournez pour environ 40 minutes.

5 À mi-cuisson, arrosez le strudel avec le beurre qui sera sorti pendant la cuisson. Laissez tiédir avant de saupoudrer de sucre glace. Servez en portions.

Torta caprese

gâteau au chocolat et aux amandes

POUR 4 À 6 PERS. | **PRÉPARATION** 15 MIN | **CUISSON** 25 MIN

INGRÉDIENTS

- 150 g de chocolat noir à 70 % de cacao (dans l'idéal de couverture)
- 150 g de beurre demi-sel pommade
- 130 g de sucre glace un peu pour décorer
- 4 œufs
- 170 g d'amandes émondées torréfiées et hachées
- 1 cuil. à café de levure chimique
- 20 g de farine
- Sel

PRÉPARATION

1 Faites fondre le chocolat au four à micro-ondes ou au bain-marie, retirez la casserole du feu et réservez.

2 Au fouet électrique, montez 130 g de beurre mou avec le sucre jusqu'à ce qu'il devienne mousseux. Séparez les blancs d'œufs des jaunes.

3 Ajoutez les jaunes d'œufs, les amandes hachées, la levure, 1 pincée de sel et le chocolat fondu. Mélangez jusqu'à obtenir une consistance homogène.

4 Préchauffez le four à 180 °C (th. 6).

5 Montez les blancs d'œufs en neige et ajoutez-les délicatement à la préparation précédente. Transférez dans un moule de 22 cm de diamètre beurré avec le beurre restant et saupoudré de farine.

6 Enfournez pour environ 25 minutes. Le cœur du gâteau doit rester fondant. Laissez refroidir, démoulez, puis saupoudrez de sucre glace.

Á savoir

C'est un gâteau de l'île de Capri, au large de Naples. Sans l'ajout de farine, il est idéal pour les personnes qui ne souhaitent pas consommer de gluten.

Budino di cioccolato con la panna *flan au cacao et sa chantilly*

POUR 4 À 6 PERS. | **PRÉPARATION** 20 MIN | **CUISSON** 10 MIN | **REPOS** 2 H

INGRÉDIENTS

- 60 g d'amidon de maïs
- 100 g de sucre semoule
- 60 g de cacao non sucré
- 50 cl de lait frais entier (si possible lait cru)
- Le zeste d'½ citron bio
- 20 cl de crème fleurette

PRÉPARATION

1 Dans une casserole hors du feu, versez la fécule de maïs, le sucre, le cacao et mélangez.

2 Ajoutez le lait et mélangez pour obtenir une préparation assez homogène. Ajoutez le zeste de citron.

3 Faites cuire pendant 10 minutes à feu doux en fouettant. La crème doit épaissir.

4 Éteignez le feu et versez dans un moule à flan, puis réservez au réfrigérateur pendant 2 heures.

5 Peu avant de servir, fouettez la crème fleurette bien froide en chantilly.

6 Servez en portions sans tarder, et décorez avec la crème Chantilly.

Panna cotta aux fruits de la Passion

POUR 4 PERS. | **PRÉPARATION** 15 MIN | **CUISSON** 10 MIN | **REPOS** 2 H

INGRÉDIENTS

- 4 g de gélatine en feuilles
- ½ gousse de vanille
- 50 cl de crème fleurette
- 40 g de sucre semoule
- 3 fruits de la Passion avec la peau fripée et bosselée*
- 1 cuil. à café rase d'amidon de maïs

PRÉPARATION

1 Mettez les feuilles de gélatine à tremper dans un bol d'eau froide.

2 Divisez la gousse de vanille en deux dans le sens de la longueur et versez ses graines dans une casserole. Ajoutez la crème et le sucre toujours en mélangeant au fouet. Portez à ébullition.

3 Faites dissoudre la gélatine essorée dans la crème chaude, versez dans 4 ramequins et réfrigérez pendant 2 heures au minimum.

4 Coupez en deux les fruits de la Passion, mixez le jus et les graines et filtrez : vous devez obtenir 70 g de jus. Transférez le jus dans une casserole, ajoutez 40 g d'eau et portez à ébullition.

5 Hors du feu, ajoutez l'amidon de maïs, remettez sur le feu et mélangez au fouet de 2 à 3 minutes. Éteignez le feu et laissez refroidir.

6 Servez la panna cotta avec au-dessus son coulis de fruit de la Passion.

* Plus la peau des fruits de la Passion est fripée et plus ils sont mûrs, goûteux et concentrés en jus. On évitera donc les fruits à la peau lisse. Attention toutefois qu'ils ne soient pas trop légers, car c'est un signe de déshydratation.

Tortelli milanais

beignets de carnaval

POUR 4 À 6 PERS. | **PRÉPARATION** 20 MIN | **REPOS** 1 H | **CUISSON** 20 MIN ENVIRON

INGRÉDIENTS

- 70 g de beurre
- 220 g de farine
- 3 œufs
- 1 gros citron bio
- 50 g de sucre semoule
- 2 l d'huile de tournesol
- 1 cuil. à soupe de sucre glace
- Sel

PRÉPARATION

1 Dans une casserole, faites bouillir 35 cl d'eau avec 1 pincée de sel et le beurre. Retirez la casserole du feu et ajoutez la farine. Mélangez vigoureusement pour absorber la farine. Mettez de nouveau à feu moyen pendant environ 2 minutes pour que la pâte dessèche. Elle doit se détacher facilement des parois et faire un léger bruit comme si elle était en train de frire.

2 Transférez la pâte dans un robot, ajoutez les œufs un à un en mélangeant avec la feuille. Il faut que l'œuf soit bien intégré à la pâte avant d'ajouter le suivant. Ajoutez le zeste du citron et le sucre, puis couvrez et laissez reposer pendant 1 heure.

3 Faites chauffer l'huile à 170 °C dans un récipient plutôt haut. À l'aide d'une cuillère, plongez un peu de pâte (de la taille d'une grosse cerise) dans l'huile. Répétez l'opération avec 2 ou 3 autres morceaux de pâte selon la taille de votre casserole. Bougez de temps à autre le récipient : les tortelli gonfleront et ils se retourneront. Quand ils sont bien dorés et gonflés, égouttez-les et disposez-les sur du papier absorbant. Gardez-les au chaud.

4 Disposez les tortelli en pyramide sur un plat de service, saupoudrez de sucre glace et servez sans attendre.

Figues fourrées
aux fruits secs enrobées de chocolat

POUR 4 À 6 PERS. | **PRÉPARATION** 20 MIN | **CUISSON** 4 MIN | **REPOS** 30 MIN ENVIRON

INGRÉDIENTS

- 16 figues séchées
- 8 amandes pelées
- 8 cerneaux de noix
- 300 g de chocolat noir à 60-70 % de cacao

PRÉPARATION

1 Ouvrez la partie postérieure de la figue et farcissez-la d'1 amande ou d'1 cerneau de noix. Refermez-la et continuez ainsi avec les figues restantes.

2 Faites fondre le chocolat au bain-marie ou dans un petit saladier au micro-ondes.

3 À l'aide d'une fourchette, plongez une à une les figues dans le chocolat pour les enrober, puis secouez légèrement pour éliminer l'excédent.

4 Faites sécher sur du papier cuisson afin que le chocolat ne colle pas.

5 Conservez au réfrigérateur jusqu'au moment de servir.

Conseil

Si vous le souhaitez, vous pouvez faire griller les amandes et les noix dans une poêle antiadhésive pendant une dizaine de minutes (en mélangeant continuellement) avant de farcir les figues.

Pastiera déstructurée

tarte à la ricotta et blé

POUR 4 PERS. | **PRÉPARATION** 20 MIN | **CUISSON** 25 MIN | **REPOS** 30 MIN

INGRÉDIENTS

- 1 rouleau de pâte brisée
- 12 cl de lait
- 200 g de blé tendre précuit en bocal*
- Le zeste d'½ citron non traité
- 2 jaunes d'œufs
- 80 g de sucre semoule
- 1 cuil. à soupe d'eau de fleur d'oranger
- 1 cuil. à café de cannelle
- 1 cuil. à soupe de miel
- 200 g de ricotta de brebis, de bufflonne ou à défaut de vache
- 30 g de sucre glace
- 30 g de zestes d'orange confits

PRÉPARATION

1 Préchauffez le four à 180 °C (th. 6).

2 Déroulez la pâte brisée dans une tourtière de 22 cm de diamètre et enfournez pour environ 15 minutes.

3 Dans une casserole, versez le lait, le blé, le zeste de citron râpé et mélangez. Faites cuire pendant 10 minutes jusqu'à obtenir une crème onctueuse.

4 Fouettez les jaunes d'œufs et le sucre semoule, ajoutez l'eau de fleur d'oranger, la cannelle, le miel, la ricotta, 15 g de sucre glace, la préparation à base de blé et mélangez.

5 Dans quatre verres, déposez 2 à 3 morceaux de pâte brisée, ajoutez la crème de blé, puis encore quelques morceaux de pâte brisée. Laissez au réfrigérateur pendant 30 minutes, puis servez en décorant avec les zestes d'orange confits et en saupoudrant avec le sucre glace restant.

*Dans les épiceries fines italiennes et sur internet (voir adresses p. 320) ; en alternative vous pouvez acheter du blé tendre cru dans un magasin bio, le plonger dans l'eau froide et le faire cuire pendant 1 heure.

Á savoir

La pastiera est un somptueux gâteau napolitain typique de la période pascale. Ici ma version moins élaborée que l'originale mais cependant délicieuse.

Sorbet au café
et sa chantilly (sans sorbetière)

POUR 4 PERS. | **PRÉPARATION** 15 MIN | **REPOS** 50 MIN | **CUISSON** 10 MIN

INGRÉDIENTS

- 200 g de sucre semoule
- 125 g de café très serré
- 1 blanc d'œuf
- 20 cl de crème fleurette

PRÉPARATION

1 Faites bouillir, à petit feu, dans une casserole 175 g de sucre et 12,5 cl d'eau.

2 Ajoutez le café, laissez tiédir, puis réservez au congélateur pendant 10 minutes.

3 Passé ce temps, montez en neige le blanc d'œuf avec le sucre restant et ajoutez-le au café délicatement avec des mouvements de haut en bas.

4 Conservez au congélateur pendant 40 minutes, puis mélangez avec un fouet pour casser les cristaux. Fouettez ainsi encore trois à quatre fois jusqu'à ce que vous ayez obtenu un mélange gonflé et souple.

5 Peu avant que le sorbet soit prêt, montez la crème fleurette en chantilly.

6 Répartissez le sorbet au café dans des ramequins, ajoutez à chaque portion la chantilly. Servez immédiatement.

Pinza gâteau à la semoule de maïs et graines de fenouil

POUR 4 À 6 PERS. | **PRÉPARATION** 30 MIN | **CUISSON** 1 H 20

INGRÉDIENTS

- 80 g de raisins secs
- 1 petit verre de grappa ou d'eau-de-vie
- 50 cl de lait frais entier
- 250 g de semoule de maïs fine (à polenta)
- 150 g de beurre
- 25 g de graines de fenouil
- Le zeste d'1 citron non traité
- Le zeste et le jus d'1 orange non traitée
- 150 g de sucre semoule
- 50 g de pignons de pin
- 250 g de farine
- 1 sachet de levure chimique
- Sel

PRÉPARATION

1 Faites gonfler les raisins dans un bol avec la grappa et un peu d'eau chaude à niveau.

2 Dans une casserole, faites bouillir le lait, ôtez la casserole du feu, versez la semoule de maïs en pluie fine, mélangez vigoureusement et faites cuire pendant 20 minutes. Ajoutez le beurre coupé en morceaux, les graines de fenouil, les zestes de citron et d'orange râpés, le jus d'orange et mélangez soigneusement.

3 Préchauffez le four à 180 °C (th. 6).

4 Versez le mélange dans le robot avec le sucre, ajoutez les raisins égouttés et les pignons. Ajoutez la farine blanche et la levure tamisées avec 1 pincée de sel. Continuez à mélanger avec le fouet K pour bien amalgamer tous les ingrédients.

5 Versez la pâte dans un plat à four rectangulaire d'environ 20 x 30 cm, recouvert de papier sulfurisé, aplanissez bien avec les mains ou le dos d'une cuillère humidifié.

6 Enfournez pour environ 1 heure, le gâteau doit être compact. Laissez refroidir. Il sera meilleur le lendemain !

Á savoir

C'est un gâteau de la Vénétie, ma région, que l'on mange le jour de l'Épiphanie. On l'accompagne de « vin brûlé », un vin chaud aux épices.

Torta della nonna

tarte de grand-mère

POUR 4 À 6 PERS. | **PRÉPARATION** 30 MIN | **REPOS** 1 H | **CUISSON** 50 MIN ENVIRON

INGRÉDIENTS

- 80 g de pignons de pin
- Sucre glace

Pour la crème pâtissière :

- 1 gousse de vanille
- 50 cl de lait frais entier
- 4 jaunes d'œufs
- 90 g de sucre semoule
- 40 g d'amidon de maïs

Pour la pâte brisée :

- 200 g de farine
- 50 g de sucre semoule
- Le zeste d'1 citron bio râpé
- 120 g de beurre mou
- 1 œuf
- Sel
- Ou 1 rouleau de pâte brisée

PRÉPARATION

1 Préparez la crème pâtissière. Avec la pointe d'un couteau, fendez la gousse de vanille dans le sens de la longueur. Faites chauffer le lait avec la gousse de vanille fendue.

2 Fouettez les jaunes dans un saladier avec le sucre jusqu'à obtenir un mélange clair et gonflé. Hors du feu, ajoutez l'amidon de maïs, mélangez, puis ajoutez le lait chaud (sans la gousse de vanille), remettez sur le feu et laissez épaissir en mélangeant. Éteignez.

3 Préparez la pâte. Mélangez la farine, le sucre, le zeste de citron, 1 pincée de sel et le beurre mou. Ajoutez l'œuf et mélangez du bout des doigts afin d'obtenir une pâte homogène. Étalez la pâte entre deux feuilles de papier sulfurisé légèrement fariné, puis transférez-la dans un moule d'environ 20 cm de diamètre ; laissez reposer au réfrigérateur pendant 1 heure.

4 Pendant ce temps, faites tremper les pignons de pin dans de l'eau froide pour qu'ils ne brûlent pas pendant la cuisson. Préchauffez le four à 180 °C (th. 6). Versez la crème sur la pâte et recouvrez avec les pignons égouttés. Faites cuire pendant environ 40 minutes. Laissez refroidir et saupoudrez légèrement de sucre glace.

Crème, chocolat, amaretti et pistaches

POUR 4 PERS. | **PRÉPARATION** 20 MIN | **CUISSON** 10 MIN

INGRÉDIENTS

- 35 cl de lait
- Le zeste d'1 citron bio
- 80 g de sucre semoule
- 20 g d'amidon de maïs
- 2 jaunes d'œufs
- 125 g de chocolat noir à 70 % de cacao
- 100 g de crème fleurette
- 4 amaretti moelleux
- 20 g de pistaches
- Sel

PRÉPARATION

1 Dans une casserole, faites bouillir le lait avec le zeste de citron râpé. Éteignez et laissez refroidir.

2 Dans un saladier, mélangez le sucre, la fécule de maïs et 1 pincée de sel. Ajoutez les jaunes d'œufs et quelques cuillerées à soupe de lait pour détendre l'ensemble.

3 Réchauffez le lait restant et versez-le sur les œufs, puis versez dans la casserole et laissez épaissir en mélangeant. Éteignez le feu.

4 Râpez la moitié du chocolat. Prélevez la moitié de la crème pâtissière et ajoutez le chocolat râpé. Laissez refroidir les deux crèmes.

5 Fouettez la crème fleurette en chantilly et amalgamez-la à parts égales aux deux crèmes avec des mouvements de haut en bas.

6 Dans une coupelle ou un verre, déposez 1 biscuit aux amandes émietté, ajoutez un peu de crème pâtissière, le chocolat restant en copeaux, la crème au chocolat et terminez avec les pistaches. Répétez l'opération pour les autres verres et servez.

Gâteau du Piémont
aux noisettes

POUR 4 À 6 PERS. | **PRÉPARATION** 30 MIN | **CUISSON** 40 MIN

INGRÉDIENTS

- 250 g de noisettes si possible IGP du Piémont
- 280 g de sucre semoule
- 20 g de beurre
- 6 blancs d'œufs
- 8 jaunes d'œufs
- 8 cl de vin doux
- Sel

PRÉPARATION

1 Préchauffez le four à 170 °C (th. 5-6).

2 Hachez finement les noisettes avec 150 g de sucre et 1 pincée de sel.

3 Beurrez un moule à manqué (24 cm de diamètre et 6,5 cm de hauteur).

4 Montez les blancs d'œufs en neige ferme avec 50 g de sucre.

5 Transférez les noisettes hachées dans un saladier et ajoutez 4 jaunes d'œufs, puis les blancs montés en neige. Mélangez délicatement, avec des mouvements de haut en bas, versez la pâte dans le moule et enfournez pour environ 40 minutes. Sortez du four et laissez tiédir.

6 Pendant ce temps, fouettez, dans un bain-marie frémissant, les jaunes d'œufs restant avec le sucre restant. Incorporez le vin doux en deux fois. Continuez à fouetter jusqu'à ce que la préparation soit gonflée et mousseuse (elle doit doubler, voire tripler de volume). Il faudra environ 10 minutes.

7 Servez le gâteau tiède avec le sabayon chaud.

Tegole valdostane
tuiles d'Aoste

POUR 20 TUILES ENVIRON | **PRÉPARATION** 40 MIN | **CUISSON** 15 MIN

INGRÉDIENTS

- ½ gousse de vanille
- 125 g de sucre semoule
- 70 g de noisettes grillées
- 60 g d'amandes grillées
- 125 g de beurre mou
- 2 blancs d'œufs
- 125 g de farine
- Sel

PRÉPARATION

1 Préchauffez le four à 180 °C (th. 6).

2 Fendez en deux la gousse de vanille et avec la pointe d'un couteau grattez les graines. Réservez.

3 Mixez le sucre, les noisettes et les amandes.

4 Dans un saladier, travaillez le beurre avec les graines de vanille jusqu'à obtenir une crème, puis ajoutez les blancs d'œufs légèrement battus. Incorporez la farine tamisée, 1 pincée de sel, les amandes hachées avec les noisettes et le sucre et mélangez pour obtenir une pâte homogène.

5 À l'aide d'une cuillère à soupe (ou d'une poche à douille) formez des disques de 5 à 7 cm de diamètre et déposez-les à 5 cm de distance les uns des autres sur une plaque recouverte de papier cuisson. Enfournez pour 15 minutes jusqu'à ce que le bord dore légèrement.

6 Sortez les tuiles du four et à l'aide d'une pelle, posez-les sur un rouleau à pâtisserie. Ainsi en refroidissant, elles prendront la forme courbée typique d'une tuile. Laissez refroidir et accompagnez ces tuiles avec de la glace, une crème ou du vin doux.

Index des recettes

Les bonnes adresses de l'autrice :

- Gustoditalia.com
- Paisano, 159 rue Saint-Maur, 75011 Paris
- BienManger.com
- Eataly Paris Marais, 37 rue Sainte-Croix de la Bretonnerie, 75004 Paris
- Eataly.fr

L'autrice remercie :

Françoise, Jérôme, Nicola, Valerie, Bernard, Luc, fines plumes patientes et goûteurs d'exception ;
Marjorie Goussu, mon éditrice, pour son ouverture d'esprit et son enthousiasme ;
Didier Férat, directeur éditorial, pour sa confiance renouvelée ; et toute l'équipe qui a suivi ce projet.

Directeur éditorial : **Didier Férat**
Édition : **Marjorie Goussu**
Graphisme : **Julia Philipps**
Mise en page : **Vincent Fraboulet**
Photogravure : **Chromostyle**
Fabrication : **Laurence Duboscq**

ISBN : 978-2-263-18385-0
Code éditeur : L18385
Dépôt légal : juin 2023
Imprimé en France par Pollina - 46441.